LA LÉZARDE

Édouard Glissant

LA LÉZARDE

ROMAN

Éditions du Seuil

TEXTE INTÉGRAL

ISBN 2-02-024639-2
(ISBN 2-02-000908-0, publication brochée
ISBN 2-02-006634-3, 1re publication poche)

© Éditions du Seuil, 1958

« *Quel est ce pays ?* » demanda-t-il. Et
il lui fut répondu : « *Pèse d'abord chaque
mot, connais chaque douleur.* »

I

LA FLAMME

« Seule la route connaît le secret. »
Poème africain

I

Thaël quitta sa maison, et le soleil baignait déjà la rosée mariée aux points de rouille du toit. Première chaleur du premier jour ! Devant l'homme, l'allée de pierres continue vers l'argile du sentier ; un flamboyant à cette place élève sa masse rouge, c'est comme l'argile de l'espace, le lieu où les rêves épars dans l'air se sont enfin rencontrés. Thaël marcha loin de l'allée, s'arracha de la splendeur de l'arbre. Résolument il enfonça dans la boue, et accompagna le soleil.

Mais il s'arrêta, et d'en bas fit comme un signe de connivence et d'adieu. Et il entendit les cris de son troupeau (il avait pourtant rempli l'abreuvoir) ; et il lui sembla voir, comme du haut du manguier qui domine la maison, l'échiquier sans ordre des tôles où le soleil joue chaque jour sa partie solitaire et jamais gagnée. Alors il connut le frisson de ceux qui pleurent doucement un bonheur enfui.

Plus bas encore, la route est semée de pierres – les ingénieurs dans ce pays n'achèvent pas les routes. Thaël avait la maîtrise des cailloux coupants, quoiqu'il ne fût jamais allé bien loin dans la direction qu'il suivait maintenant. Il aperçut bientôt, dais du pont d'eau, la masse du prunier qui, à cette place, marque de jaune (c'est un prunier moubin) la limite extrême du connu : faisant ainsi écho à la familière pourpre du flamboyant d'en haut.

Thaël s'arrêta encore sous les ombrages dangereusement frais de l'arbre ; il foulait un tapis de fruits dédaignés par l'homme, oui, redoutables, et méprisés par les hommes futiles. Le voyageur haletant des efforts de la course, évite cette halte. Mais Thaël n'avait à craindre nul refroidissement ; il n'était encore qu'au début de la course ; la sueur et le sang viendraient ensuite. Ainsi pensa-t-il. Et ramassant une prune jaune il la mangea comme par défi.

Alors, il entendit les chiens. *Sillon ! Mandolée !*... noms de légende chers à cet homme nourri de contes et de mystères. Les chiens avaient concentré en eux toute la passion d'en haut, ils troublaient seuls la limpidité de la montagne : pour cette raison Thaël les estimait et les fuyait à la fois. Or, les bêtes connaissaient la répulsion du maître, répulsion toujours vaincue. Elles aimaient en Thaël le son de la voix, le pas assuré. Maintenant elles aboyaient...

Être montagnard, dans ces pays de toute montagne qu'allèche toujours et de partout la tentation de la mer, suppose une suprême vocation du refus. D'autant que la montagne ici ne se départit jamais d'un manteau de brousse ou pour le moins de lourdes forêts aux fougères lassées, droites cependant à l'ombre immense d'elles-mêmes ; manteau du corps secret, dernier refuge de la solitude tout unie, que la passion n'éclaire ni n'embrume.

Or tout se défait en Thaël, à mesure qu'il descend. Il accède à la conscience qui sépare et dénombre. « Je vous tuerai », dit-il : éprouvant peut-être la vanité de cette conscience soudaine ; « Je vous tuerai ! » crie-t-il vers des fantômes qu'il semble reconnaître.

Cependant, il avait traversé le pont d'eau...

La terre aux environs de Lambrianne est d'une épuisante splendeur. S'échappant de la route comme un drap léger qu'un dormeur déplace loin de lui, la savane va mourir à la lisière d'un maquis de goyaves. Thaël regardait : la pente ici douce du vert tendre et le déchiquettement du vert opaque là-bas étaient séparés par un mince filet bruni, la rivière même qui passait sous le pont d'eau. A l'ouest, l'aplomb des bambous rejoignait les goyaves après mille cassures d'ombre ; à l'est cependant, accourait un rideau de pluie comme un vol de fléchettes lancé sur la vallée. Le soleil venait d'apparaître (Thaël l'avait devancé) derrière les remblais énormes auxquels s'agrippait la route ; remblais où les canalisations de métal noir aménagées pour la descente des cannes à sucre semblaient de loin des toboggans, effrayants à force d'avoir été redressés et maintenus droits et rigides. Tournoyant sur l'appui du pied gauche, Thaël fit le toboggan avec la main droite, balancée comme un poids. Moulin-rivière-goyaves-pluie-route-remblais-soleil-moulin-rivière-goyaves-pluie... Lorsqu'il s'immobilisa, dans le prolongement de la main apparut – comme un enfantement de la vitesse et du vertige – qu'une soudaine indifférence aurait éloigné d'un exercice si peu sérieux, quoiqu'il lui dût son existence – Mathieu.

Thaël eut un mouvement de rage. L'intrus interrompait son tourbillon, cassait net son ivresse, était venu trop tôt ! Tout aussi vite il se calma. Le soleil pesait ; le chemin suivait de grasses allées d'herbe para, aux odeurs de taureaux. Ils débouchèrent (Thaël et Mathieu) sur la grande artère coloniale, la route noire, d'où le mirage de chaleur faisait lever des rivières verticales, avec des courants paresseux. Alors ils tournèrent dans la direction de Lambrianne. Ce n'étaient que détours, fraîcheurs subites, tamis de bruit. Si loin que l'on remonte dans le souvenir, nul chemin n'offre autant de quiétude à la fois et d'agitation. Sur les côtés de la route, et légèrement en contrebas, des maisons ; mais si discrètes et en quelque sorte abandonnées du mouvement dont elles marquent les rives, que l'on hésite à croire qu'elles couvent des misères atroces et têtues. Leur rayonnement cependant (car le voyageur ne peut s'empêcher de les sentir proches et lointaines) emplit la route d'une douceur amère. Même les cars bruyants, orchestres et vaisseaux du désert quand ils traversent ce silence, ne peuvent influer sur la nature ambiguë du lieu, décider soudain qu'il est *vivant*, ou le rejeter au contraire (et sans retour) dans son immobilité fraîche. Thaël ramassa une pierre et à toute volée fracassa un peu de silence. Mathieu sourit.

– Voyez. Le fromager, dit-il...

Surplombant le goudron, l'arbre immense bruissait. Nul oiseau n'apprêtait au bout de ses branches l'étincelle d'une parure, nul vol ne troublait sa pose hiératique, figée dans les nœuds et les épines de l'écorce. Le ciel est plus profond au-dessus du centenaire, au pied duquel le promeneur se hâte.

– Une femme, raconta Mathieu, repoussait avec dédain l'amour d'un paysan. Une nuit, elle passa sous cet arbre. Comme minuit sonnait au clocher de Lambrianne (et la lune était à son dernier quartier), elle fut prise dans un filet invisible et lentement étouffée. On remarqua sur sa poitrine, à l'endroit du cœur, un L rouge, comme un insigne de parti cousu sous la peau ; le paysan s'appelait Lomé. (Mais ceci est une superstition.)

– Mon nom, c'est Thaël.

– Et moi Mathieu.

14

Ainsi découvrirent-ils la longue avenue qui mène à la ville. Et Mathieu s'était présenté avec un geste large dans la direction des maisons, comme s'il avait voulu signifier que *cela* s'appelait Mathieu (non Lambrianne), ou que lui (Mathieu) résumait par son nom toute la réalité éclose là-bas, sur l'ardeur des toits rouges ; comme s'il avait voulu, une fois pour toutes, affirmer qu'il n'était point là par hasard, mais pour être venu au-devant de l'invité, au jour et à l'heure marqués. Thaël répondit au geste :

– Nous avons trop vécu de légendes, et tu crois aux miracles. Non ?

Puis il sourit à la ville. Lambrianne l'attendait, elle avait délégué un de ses fils à sa rencontre. Peut-être les légendes correspondaient-elles à une part inexplorée de l'avenir, et peut-être l'avenir avait-il fondu sur lui, Thaël ? La longue allée de route sans bordure coupait un champ de cannes. Elle renflait à mi-course pour enjamber un ruisseau, reprenait souffle en déclivant à proximité d'une fabrique de bois, et projetait sur le canal enfin son pont aux rambardes pourries. Rien dans cette perspective qui ne suggérât la course infinie du futur, à peine barrée du stop de la plaque rouge : *Ralentir.* Les cannes encore jeunes n'entravaient nullement la volée de l'imagination ; ni les façades grises là-bas puisque cette ville *était* le futur pour lui. Cependant, le mot ABATTOIR en lettres géantes oblitérait le bas-côté gauche de la vue.

– Sur la droite, dit Mathieu, il y a le cimetière.

– Cela fait de l'équilibre, murmura Thaël, avançant d'un bon pas.

Ils rirent de ces bêtises.

Mathieu le suivait, s'attachant (pour lui laisser le loisir d'admirer, ou par délicatesse – pour lui épargner la sensation d'être conduit ?) à ne jamais le dépasser sur la route. Cependant il arrivait quelquefois à hauteur de Thaël, et criait alors vers l'azur ébloui : « Valérie, Valérie ! » – mots que son compagnon n'entendait pas.

II

J'ai entendu ces mots, pourtant je n'étais encore qu'un enfant, et ils résonnèrent en moi. Je fus le témoin, et l'objet : celui qui voit et qui subit, qu'on appelle et qu'on façonne. J'ai connu Thaël et Mathieu, et tous leurs amis ; voici comment.

Quelque temps avant le jour du départ (ou de l'arrivée) de Thaël, cette ville s'était apprêtée, dans un émoi de fumées, de victuailles et d'épices (sans toutefois qu'on renchérît sur le caractère de festivités de la journée) pour recevoir le leader politique, délégué au Gouvernement Central. On méconnaît ces terres lointaines, qui ne paraissent dans l'imagination des hommes du Centre qu'à la manière de paradis en fin de compte assez peu sérieux. Telle est la politique des dirigeants. Mais la terre de Lambrianne avait revendiqué une sorte d'autonomie. Ses habitants étaient fiers de leur nouveau représentant : une éclatante habileté à l'art du discours, la force elliptique de ses formules, leur poésie à la fois sombre et mystérieusement évidente, cette manière de soleil qu'il prodiguait (disait-on) à chacune des réunions qu'il organisait, sa renommée déjà portée bien au-delà des frontières de la Province, contribuaient à en faire un demi-dieu ; et la jeunesse ne jurait que par lui. Mais c'était un pays qui bougeait, et il n'était pas

17

seulement question d'un homme ou de ses pouvoirs, ni des histoires ni du destin de quelques-uns...

Sur la place, un groupe s'était réuni à l'écart du mouvement de la foule (mais à tout moment interpellé par cette foule d'amis ; et les hommes étaient graves, et les femmes riaient. Ce peuple est cérémonieux et spontané à la fois). Margarita et Gilles étaient venus les premiers : lui, simple, discret, sans allure, comme enraciné dans cette terre ; elle, mystérieuse parfois et qui, en ce mystère, était peut-être quelque peu naïve. Mathieu ensuite. Et c'était toujours entre eux la même gêne, saturée d'une franchise presque austère ; il faut ici avouer qu'entre Margarita et Mathieu il y avait eu des promesses. Puis les bourgeois du groupe, bien assis, de sens solide : Luc et Michel. Ils ignoraient le soleil. Comptables de tout, ils pensaient technique, et riaient bruyamment. Enfin, ce prince qu'était Pablo. Et Mycéa, rétive.

Le long isolement imposé par la guerre – qu'avait accompagné une réflexion sourde, irrésistible et continue, sur les destins de la cité, et qu'avaient suivi l'éblouissement d'une nouvelle ère, la sensation presque physique d'un trou d'air et d'une envolée – avait mûri ces jeunes gens. La politique était le nouveau domaine de la dignité. Par un accomplissement, une nécessité inexorables, toute cette génération avait abandonné la naïve crédulité des anciens, dépouillé le vêtement de l'illusoire ressemblance, pour affirmer enfin que l'homme d'ici n'était qu'à sa propre semblance. Les mots prenaient dans ces bouches une saveur toute neuve : il y avait là du soleil, du rêve débridé, une passion de connaissance, et la rage de ceux qui savent contre ceux qui oppriment.

Mathieu et ses amis avaient propagé la doctrine des libertés, sans vouloir se limiter (ainsi pensaient-ils) aux cadres d'un parti. Pieds nus par bravade, endimanchés par goût de l'insolite, noctambules tenaces. Le peuple, prompt à juger, accordait son indulgence.

Ils lisaient tout ce qui venait d'ailleurs, du monde. Ayant appris à ouvrir les yeux sur l'inconcevable misère de ce pays (car ils n'avaient guère souffert, eux, dans leur chair), ils croyaient de plus en plus que la vraie vie est aux royaumes de l'esprit, où se débrouillent les problèmes essentiels de la faim et du bonheur. L'appétit de savoir qui agite ces régions éloignées, nouvellement venues à la conscience d'elles-mêmes, est inimaginable. Nos jeunes amis s'illuminaient de poètes, de romanciers épiques (leurs préférés) et de toutes sortes de folies. Le miracle était qu'ils ne se trompaient guère, fondant une harmonie nouvelle entre tant de savoirs. Ainsi pouvaient-ils confronter la misère, et vouloir la combattre, sans s'étonner, sans se lamenter – avec puissance et raison, et un éclat naïf dont ils n'étaient pas maîtres.

Le pays ajoutait, sans qu'ils en eussent conscience, à leur exaltation. L'incommensurable variété de paysages dont la nature a doté cette province s'organisait dans un climat unique, une chaleur fixe, où toutes choses en effet bougeaient sans se dénaturer. Comme si les essences de la vie et de la matière ici plus que partout ailleurs se proposaient d'emblée, pour ne jamais plus cesser d'apparaître dans une évidente et parfois douloureuse simplicité. Les mirages eux-mêmes, fruits de la chaleur, gardaient à l'apparence des choses une fragilité qui en perpétuait la force. La conviction est alors chaudement féroce, et la passion a un goût de terre qui rend la terre désirable... Car c'est d'un pays qu'il s'agit là, et non pas d'hommes sans raisons. Histoire de la terre qui s'éveille et s'élargit. Voici la fécondation mystérieuse, la douleur nue. Mais peut-on nom-

mer la terre, avant que l'homme qui l'habite se soit
levé ?....

Ce matin-là, donc, une agitation très particulière
désordonnait le groupe : Mathieu et Gilles s'isolaient,
Luc et Michel gesticulaient, Pablo lui-même daignait
dire quelques mots. On avait appris qu'un officier du
gouvernement avait été désigné pour étouffer les
« mouvements » de Lambrianne. C'était chose normale.
Mais l'homme choisi se trouvait être un ancien habitant
du pays, renégat et doublement criminel. Il fallait avant
tout le mettre hors d'état de nuire. Chacun savait qu'il
était résolu comme tout renégat aux pires violences ;
nos amis décidèrent qu'il leur revenait de museler la
bête. Et quand vint le moment de la réception, ils écoutèrent le discours du représentant avec une sorte de dis-
traction passionnée, qui les isolait du mouvement de la
foule. Les salves de bravos les emportaient dans chacune de leurs vagues, mais sans qu'ils eussent vraiment
consenti à la progression, à cette montée de la parole
qui force à applaudir. Ils avaient besoin de ces mots, et
avaient hâte de ne plus les entendre, pour être seuls face
à leur décision.

Mathieu méditait ainsi l'action future. Une jeune
femme était près de lui, grande, semblait hautaine et
timide, le regardait. De toute évidence elle n'habitait
pas la ville et n'était venue que pour la circonstance
particulière de ce jour. Elle était accompagnée d'une
personne très âgée qui acquiesçait avec bienveillance à
ses transports d'enthousiasme, et qui, à la fin de la réunion (« déjà », pensa Mathieu qui se réveillait),
l'emmena – non sans avoir auparavant et pour le bonheur de notre ami prononcé le nom de cette beauté :
Valérie.

Mathieu voulut suivre les deux femmes, mais il ne
put se dérober à l'empressement de ses camarades.

Applaudir, s'indigner, proposer, parler, parler : l'agitation des uns et des autres ne parvint pas à le distraire de la vision délicieuse. La foule s'en allait lentement par les rues étroites : il semblait à Mathieu qu'elle emportait son cœur et que lui-même s'en allait avec elle, s'abandonnant. Il répondait aux questions, serrait des mains, promettait, conseillait : un rêve. Bientôt le groupe d'amis se retrouva seul, dans la fièvre et l'impatience. Tous savaient qu'enfin ils allaient devoir mériter leur choix. Ils décidèrent donc de supprimer l'officier. Mais, « nous ne pouvons pas le faire nous-mêmes, pensa Mathieu, nous sommes trop connus, trop repérés »... C'était la terre, et son premier retranchement. La terre qui apprenait la violence nouvelle du monde, après tant de violences oubliées ; et elle criait...

J'ai entendu ce cri ; j'étais près d'eux sur la place, ne comprenant pas encore tout cet assaut de mots. Je les ai vus sur la place, et je ne savais pas que ma vie à ce moment était prise, décidée, contaminée déjà par ce jeu.

Mathieu cependant ne parla pas de Valérie.

III

Des deux hommes, Thaël et Mathieu, qui entraient dans la ville par ce matin joyeux – (ils ne suivirent pas le tracé naturel de la grande rue, lancée à l'assaut du ciel de Lambrianne, rue en vérité banale, où l'on sent que douleur ni joie ne peuvent prendre corps – mais tournant franchement vers la gauche – comme si, pensa le nouvel arrivant, je n'étais pas encore digne de la révélation – ils contournèrent l'agglomération par le chemin d'un sentier courant, dépassèrent l'abattoir, le marché, les arrières boisés des maisons, pour découvrir enfin l'autre versant de campagnes) – de ces deux hommes, l'un, Thaël, n'avait à faire nulle confidence : il allait simplement. Il acceptait de ne pas savoir déjà. « Ces gens ont besoin de moi, c'est sûr. »

Ils longeaient des pacages, un terrain de jeux près d'un ruisseau nauséeux. La plaine est sale.

« Que veulent-ils, pour qu'ils m'aient ainsi cherché, appelé sans me connaître ? Et que puis-je attendre d'eux ? Sont-ils, autant que mes chiens, tributaires de la passion ? Vais-je devoir les attacher plus solidement que les bêtes là-haut ? Je suis un homme des montagnes, oui. » Et Thaël pensa : « Ce sont des hommes lucides et méthodiques, ils cherchent la légende ; moi je cherche l'ordre et la lucidité... »

L'autre, Mathieu, était seul. Il accomplissait une

tâche, voilà tout. Choses simples : Thaël insouciant, Mathieu satisfait. Celui-ci croyait pourtant qu'une fois la dure épreuve terminée, quand Thaël aurait rempli son office, lui, Mathieu, s'en irait. Où ?... Où vont les moissonneurs terribles, quand le champ est rasé ? Où vont les solitaires, lorsque voici la foule ?

– Ne parlons que de l'essentiel, dit Mathieu. Oublions les mille secrets de chaque jour. Ne demandez pas qui sont mes parents, ni ce que j'aime ou déteste. Nos relations seront assez tendues pour qu'il faille toute notre attention à les maintenir simplement. Ne dites pas qu'une force ne nous agite à notre insu...

– Essayons toujours.

– Rappelez-vous que vous êtes venu de votre plein gré. Je vous redirai cette parole quand il sera temps.

– Je suis venu. Je veux m'instruire, servir à quelqu'un.

– Je sais.

– Comment, dites, comment ?

– Nous vous connaissons. On ne parle que de vous, sur les collines. Vous êtes le meilleur.

– « Nous ? »

– Mes amis. Vous verrez.

– Qu'attendez-vous de moi ?

Mathieu eut un sourire triste.

– Peut-être seras-tu l'homme qu'il nous faut ? Peut-être l'es-tu déjà. Nous sommes des gens de ville, marqués par les trottoirs, le vide, les murs... Mais nous n'avons pas besoin de toi – oui, c'est toi-même que tu attends.

Alors Thaël souriait avec éclat. « Tout cela est trop savant. » C'est un ami, pensait Mathieu.

Entre eux le temps avait passé très vite ; il n'avait pas eu de prise, ni le loisir de s'installer. Il suffit ainsi de quelques phrases pour que l'amitié grandisse. (Je ne suis pas loyal, se reprocha Mathieu.) Mais le silence, une force d'appréhension sans limite tissèrent de l'un à l'autre un voile de temps, un semblant de distance. On entendait les herbes, derrière, qui se redressaient avec des soupirs. L'étincelante plaine continuait. Que dire ?... Une jeune femme vint enfin à leur rencontre.

– Mycéa, Mycéa ! Il connaît les vieilles légendes. Il s'intéresse aux mystères. Il parle comme un prophète. Et pour finir, son nom est Thaël !

Ils s'amusèrent des boutades de Mathieu. Mycéa fut très gentille. Thaël s'installa, sans qu'il fût jamais question de quelque autre possibilité, chez ses nouveaux amis.

IV

Ils campèrent, il n'y a pas d'autre mot, dans le feu souverain. Thaël connaissait enfin la plaine, ses éblouissements lourds, l'inoccupation fertile des jours chauds. Ce qui travaille obscurément : la glaise brûlante, les éclairs, et le désir, les mots, les mots (chaque fois que la conscience a avancé dans son fleuve d'enfer), et les silences éclatants pour étreindre la force en vous. Ce qui éblouit le plus : l'impalpable, sourde, mortelle ivresse des routes ; le sentiment tout-puissant que voici l'orage s'avancer ; la lutte sans détour entre le principe de cette aridité et l'accident de l'eau. *Le soleil qui brille et la pluie...* Thaël découvrait en Mathieu la zone innommée, et torride, que chacun porte en soi, invisible pour soi. C'étaient les souffrances passées, les tournants impurs, et les défaillances : ce qui fixe déjà la solitude future. Mathieu bâtissait le monument de sa désolation. Ainsi Luc et Michel feignaient en tout de le contredire – Gilles lui prodiguait les éclats de son admiration – Pablo le suivait, avec une paresse étudiée : c'était leur manière de consentir à sa solitude.

Thaël fut vite sensible à cette organisation tacite. Mais surtout, il observa Mycéa. La jeune amie de Mathieu semblait ne vivre que de passion politique. Thaël découvrit avec stupeur qu'aucun lien, hormis cette commune ardeur militante, n'unissait Mathieu à

Mycéa, et que ces jeunes gens voulaient repousser jusqu'à l'idée d'un amour possible – comme si la lutte qu'ils avaient choisi de mener leur imposait une austérité plus résolue encore et plus définitive que la solitude qui était leur quotidien partage. Car vivant dans la même maison, l'un et l'autre s'ignoraient avec patience, se fuyaient délibérément (sauf aux moments des réunions du groupe, où alors et par contrecoup ils étaient soudainement et passionnément du même avis, et cela sans qu'on pût dire que l'un d'eux influençât l'autre) et ils s'appliquaient à une indifférence sauvage qui les faisait peut-être plus complices qu'ils n'auraient voulu. Thaël observa encore ce jeu d'avancées et de replis, méconnu des acteurs eux-mêmes, par quoi venait à jour à travers mille obscurités hargneuses l'ébauche peut-être d'une passion sans égale.

Mycéa. Une enfant timide, aux fiertés soudaines, mais dont le visage grave et l'allure même du corps refrénaient par avance les atteintes de la passion. La noblesse du port signifiait en elle et au plus juste l'extrême mariage de la bonté et de l'acuité impitoyable. L'absence, aurait-on dit, de regard semblait voiler les désordres d'une âme plus que nulle autre sensible aux perturbations de l'époque, à la mue forcenée de la terre, dont elle souffrait.

A côté d'elle, Mathieu était une cascade de lumières, un grand corps clair que le soleil isolait. C'était la même tourmente, c'était le même charroi de révoltes et d'espoirs, mais apaisés, diffusés ; comme si les bras paresseux avaient retenu un peu de la sérénité des aubes et l'avaient étendu sur le gouffre. Couple témoin. Mycéa, offerte aux expiations futures ; Mathieu, résolument opposé au passé qui l'avait durci.

Mais Thaël savait, quoi que Mathieu eût pu dire, que celui-ci avait beaucoup donné de la toute-puissance de son cœur. Un jour, Mathieu n'y tint plus ; la douce certitude de son ami l'obligea presque aux confidences (aux aveux ?) – et longuement, devant le bruit de la mer plus présent que la mer, enfin il parla.

V

Il avait (jadis) connu Myrta, la première et la dangereuse : ainsi l'avait-il nommée. Femme altière, oui ; mais une telle grâce fragile ! Elle lui avait reproché d'avoir autant d'amis, de se livrer tout à ses recherches – il travaillait pour le compte de la ville sur les archives et l'histoire de la région – elle lui avait reproché les promenades ou les nuits blanches à danser, la mer immense qui en lui brûlait.

– La mer ? cria Thaël.

Elle n'avait jamais pu comprendre qu'il se dispersât ainsi : les amis sont faux, les plaisirs vulgaires, la mer plate.

– La mer ! (Thaël n'écoutait plus les mots.)

Oui. Ce bruit très lointain, et perceptible à cette heure seulement. C'est la mer. Elle appelle, et se referme sur vous. Elle est amante, mais sournoise. Dévouée, mais attentive trop : elle garde son cœur. Ce qu'elle rejette sur le rivage, ce n'est toujours que l'écume de la vie. Ainsi Myrta.

Et il avait (jadis) été le rivage de cette femme ! Elle l'isolait, avec passion. Traquant vers lui, pour le cerner (que ce soit en un baiser de haine, que ce soit par l'étrenne de quelque toilette à lui seul dédiée, dans la nostalgie des longues soirées mangées d'insectes et où chacun pense à soi, non à l'autre, que ce soit par l'ivresse à deux des baignades de midi), toujours la même aveugle force qui dépouille la victime sans enrichir le bourreau.

N'avait-elle pas compris ce désir, et cette passion sans laquelle le soleil même n'avait plus de sens ? Oui, cette passion, ce désir de percer tout horizon possible, de dépasser le temps ! Ne sommes-nous pas à essayer de nous connaître, nous qui couchons dans le champ de la nuit ? Ne sommes-nous pas à fouiller dans nos cœurs, et à vouloir deviner ce que nous serons demain ? Ne faut-il pas, avant d'aimer, brûler cette fièvre en nous ? Et comment s'étendre, mesurer le calme des jours, baigner dans le soleil, quand se dresse sur la chaleur, invisible et pourtant si palpable, l'apparition incertaine, la menace délétère, cette absence ?

« J'ai vu un enfant de quatre ans : il dirigeait un attelage de bœufs, au travers d'un champ stérile. Bœufs squelettiques, sillons sans rigueur, laboureur sans joie. Un enfant près des bœufs, et son père cloué à la charrue ! La forêt alentour n'était que splendeurs. Des flamboyants à l'orée, comme des sentinelles ! Des pommes-d'eau près d'une source, pour saouler l'herbe de cris jaunes. Oui, la forêt vire très vite dans ses couleurs ! Le ciel, si loin, semblait de glace : un miroir, une couche aride ! Les fleurs trompettaient, l'eau était une aube sans midi, et pourtant le soleil déclinait vers le soir, tout doux, comme une fille près de son amant ! J'ai vu cela : une richesse impitoyable sur toutes choses, et la rivière, la Lézarde, qui menait de roche en roche son concert jaune. J'ai entendu la Lézarde : elle criait (avec des boues et des poutres par tout son travers) une chanson chaotique et sauvage. Sûr, la Lézarde criait à la vie. Pourtant, là ! un enfant de quatre ans... Il arrivait à l'encolure des bœufs maigres. Le ciel éclatant s'est couvert de brasiers ! »

N'avait-elle pas compris que dans le ciel nous guette ce fantôme ? Une ombre qui sur toute la terre efface la chaleur, et dont l'ombre c'est la misère par ici ! Grossie de sécheresses, nourrie de carnes et de fumiers ! « Suis-je seul ? Ai-je le droit ? Ai-je seulement le pouvoir ? Ah ! les citronniers rabougris... »

(La mer chantait au loin. Les fumées montaient de la terre. Les deux amis se regardaient, l'un de l'autre attendant la réponse.)

Ce fut alors qu'il rencontra Margarita. Alors seulement. Lorsque proliférait déjà, dans la végétation de cette ville, une pourriture : comme une poussière froide, mesurée ! Ce fut alors qu'une folie d'amour lui fit connaître la ville, dans sa transparence même. Si haut, si haut, n'était-il pas vrai que les pierres s'estompaient, qu'il n'y avait plus que la charpente lumineuse, les rues marquées par le feu sur leurs rives, les maisons de verre prodigieux, où la lumière béait ? Il marchait près d'elle, sur cette planche fragile. La boue était derrière eux, et la boue croupissait des deux côtés de la passerelle ; la planche grandissait devant leurs pas. Mais qu'appelait-il la boue ? Oui, tout avait croulé. Ne s'était pas figé dans une souveraine indifférence (comme on dit que sont torturés les arbres d'hiver et les givres), non. Il n'était resté debout que le cristal des choses, et leur boue avait coulé. Marcher dans ce rêve, inventer le décor nouveau ; connaître l'envers des nuages, tel un pilote lassé !... Et Margarita lui disant : « Comment ferez-vous, j'ai tant besoin de vous... » Mais elle ne le lui avait pas dit. C'est de la musique étincelante des rues que la phrase lui était venue...

– Cette ville a un charme, dit Thaël.

Et il advint cependant que Margarita le quitta. La

ville soudain opaque s'était refermée sur eux. La boue gagnait à nouveau. « Comment ferez-vous ? » – mais elle était partie. Elle s'était éloignée, lentement, portant des voiles et des ombres resplendissantes, qui traînaient sur la ville à nouveau. Et la ville avait repris son corps quotidien, de façades muettes, de bonhomies lassées, de mensonges couvés sous les sourires et les morts souriants. « Comment ferez-vous ? » – et qu'avait-il fait, en vérité ? Sa seule science : cette misère apparue dans les élans de chaleur. Sa seule pensée : les affûts hors du temps, l'attente imperceptible, le frisson. Et Margarita s'en alla, faible et douce parmi la ville. Et la ville à nouveau s'embua, se voila de ses apparences mortes, comme d'autant de sourires. Plus que jamais la chaleur coula des menaces imprécises ; plus que jamais la soif de dire et de savoir. Et comment ? – Il avait perdu la clé souveraine.

« Tout est vague, tout est diffus par ici ! Mais c'est tant que nous n'avons pas pénétré le courant souterrain, le nœud de vie ! Quoi ? Souffrir, pleurer. La rage, comme une limaille affolée. La résignation, cadavre pourri. La nuit, une flambée !... Alors ? Interpréter les signes interdits ? Rire en tendresse de nos naïvetés ?... A quoi bon ? Tout est vague, tout est diffus, tant que l'homme n'a pas défini, et pesé. Je ne veux pas décrire, je ne veux pas souffrir, je veux connaître et enseigner. »

Alors Thaël cria : « Je veux vivre, savoir cette misère, la supporter, la combattre ! »

Mathieu regarda vers le jardin, vers l'éclat ; il était avec Thaël, mais il ne voulait pas l'admettre. Il comprenait ce langage, ce cri, il éprouvait cette flamme, mais il ne voulait pas l'admettre. « Puisqu'il faudra tuer l'officier, Thaël, puisqu'il faudra. »

– Détachons-nous, dit-il enfin, des forces de chaque jour ! Ne craignons pas de nous tenir sur le rivage, face au large, et de peser notre histoire. Nous venons de l'autre côté de la mer, rappelle-toi. Cherchons sous la surface, allons au fond !

– Moi je viens de la montagne... Tu la vois, elle est chauve par endroits, et puis soudain plus touffue que la mer de septembre. J'ai attaché mes chiens, j'ai parqué mes bêtes, me voici. Je pourrais encore chanter là-haut, mais il y a une passion en moi. Je ne sais pas. Je veux connaître ma passion !

... Et Mathieu sourit, mais certes il souffrait de la même passion.

VI

Voici le lieu : un étirement de tôles, qu'avoisine familièrement la terre rouge. Entre la ville et les hauteurs, voici la route, gardée par le terrible fromager. A l'opposé, la plaine inaltérable, jusqu'aux blancheurs du sud. A l'ouest, la boucle tourmentée de la Lézarde : elle veut emprisonner la cité, mais soudain elle se reprend, elle refuse ce gardiennage, et vers l'est, passé les cannes sinistres, elle se perd dans son delta. Sa goulée est parcourue de courants sales ; la Lézarde n'a pas une belle mort.

Pourtant elle descend de belle façon les contreforts du nord, avec ses impatiences, sa jeunesse bleutée, les tourbillons de son matin. Lorsque paraît le premier soleil, la Lézarde surprise en son détour semble là s'assoupir, guetter l'astre, jouer à la dame, prudente ; puis soudain elle bondit, c'est comme un peuple qui se lève, elle débouche d'angle en angle, et elle rattrape bientôt les écumes qu'elle a laissées sur ses rives, avaricieuse, occupée de toutes ses richesses, comme un usinier qui guette au fond de ses chaudières, elle ne laisse ni la lie jaune ni l'éclair bleu, et la voilà dans le grand matin, joyeuse et libertine, elle se déshabille et se réchauffe, c'est une fille nue et qui ne se soucie des passants sur la rive, elle baigne dans sa promptitude (éternelle, et l'eau passe sur l'eau), et bientôt, comme

33

femme mûrie dans le plaisir et la satiété, la Lézarde, croupe élargie, ventre de feu sur les froides profondeurs de son lit, comblée, s'attarde et se repaît dans le cri de midi.

Oui, voici le lieu : l'amas de tôles au centre de cette boucle d'eau. L'immobile aridité au beau mitan de ce cercle où la fécondité passe à jamais. Et aux abords de la ville, la Lézarde s'humanise. Elle aménage des bassins et des criques (oui), bordés de roches. Les femmes viennent y laver le linge : elles s'en vont en procession, longeant la voie ferrée qui ne sert qu'à l'usine, elles s'installent près d'une pierre de table, l'eau sur leurs jambes noires se vêt de transparence. Et moi, enfant (l'enfant de cette histoire, et qui grandit à chaque mot), j'accompagne les femmes, je me roule sur le sable, je pêche sous les roches mon écrevisse du jour, que j'irai brûler sur un petit boucan, dans la savane. Je connais cette Lézarde des lessives : à deux heures de l'après-midi, je m'allonge dans l'eau, la tête soigneusement à l'écart du courant, tandis que le linge sèche sur l'herbe. Je ne roule plus dans le flot, j'attends que la Lézarde ait peu à peu tiédi mon corps. J'ai peur des congestions, et le déjeuner fut tardif. Je suis immobile, le faible courant de la rive me rassure, je ne crie plus. Et moi, enfant de cette histoire, je ne sais pas encore que la Lézarde continue vers le soir et la mer noire, ainsi accomplissant sa mort et sa science ; qu'à six heures, lorsque va tomber le serein, la fine humidité de l'avant-nuit, la Lézarde n'a plus de secrets ; que son delta de boues, occupé d'énormes sangsues, se peuple sur les bords de taureaux placides. Je ne sais pas (je vais grandir en cette histoire) qu'en la rivière est signifié le vrai travail du jour ; que cette courbe autour de la cité est pour cerner un peu d'humanité, pour rassurer les hommes, les aider. Je ne sais pas que ce pays est

34

comme un fruit nouveau, qui s'ouvre lentement (lentement) dévoilant peu à peu (par-delà les épaisseurs et les obscurités de l'écorce) toute la richesse de sa pulpe, offrant la richesse à ceux qui cherchent, à ceux qui souffrent. Je ne sais pas encore que l'homme importe quand il connaît dans sa propre histoire (dans ses passions et dans ses joies) la saveur d'un pays. Et, revenant de ces criques vers la ville, courant au long des rives, je ne sais pas encore que des légendes de la montagne où cette eau a grandi jusqu'aux réalités grises, précises, de la plaine, le chemin n'a pas de haltes (hormis ce lieu de nos lessives) ; ni que ce flot sans retour mène au delta de nos magies, qui est l'aube de la vraie et douloureuse science.

VII

Alphonse Tigamba était l'agent de police ; de vrai, l'un des deux agents en exercice à Lambrianne sous l'autorité du commissaire. Mais cet officier ne sortait jamais (rédigeant seulement des rapports, examinant les affaires « sous tous les angles possibles », après quoi il lançait ses hommes sur les pistes) ; et de même le deuxième agent refusait la plus mince initiative : ce qui fait que la lutte de la police locale contre les gendarmes venus du Centre reposait toute sur les épaules de notre jeune ami. (Car il faut ne pas hésiter à déclarer dès maintenant que l'agent de police Alphonse Tigamba, homme simple qui avait d'étranges perspectives de troubles devant lui, est notre ami.)

Il se demandait pourquoi Mathieu et les autres avaient accueilli ce jeune homme. Il ne pouvait en résulter qu'une longue théorie de calamités pour lui, Tigamba. « Ils recommencent ! Mais qu'ont-ils donc ? Et je ne peux rien faire !... Je serai au premier rang, pour applaudir, et le commissaire aura son sourire de biais, Alphonse vous n'avancerez jamais dans la carrière, comme si cela ne m'était pas égal, je ne veux pas dire oui, oui, et elle me force, ils le savent tous !... »

Oui, tout le monde le savait, sous ce soleil. Alphonse le vit bien dans les yeux d'un lézard qu'il faillit poursuivre *(anolis, tu te moques, anolis)* et dans la fuite même

36

des herbes, là-bas, obliques, narquoises. Alphonse prisonnier d'un amour incroyable dont il riait le premier (et sous les rires toujours il y avait cette certitude qu'il ne pourrait se déprendre d'un tel amour), et qui aurait suivi Mycéa (car c'est d'elle qu'il était amoureux) jusqu'au bout du ciel, et qui se serait fait tuer pour Mathieu : pour la raison que Mycéa aimait Mathieu (Alphonse en était sûr) et qu'il valait bien de se faire tuer pour l'homme qui avait mérité cet amour.

Il ne voulait pas dire oui, oui, mais il le dirait. C'était comme si toute la terre alentour, avec ses brûlures, ses éperons de feu, les boucans du ciel, et la chaude humidité montée des abîmes, lui avait déjà marqué le oui de son consentement. Pourquoi faisait-il cela (merdement de merdement !), il y avait bien des gens pour l'amour, loin peut-être, au-delà des mers, et lui, là, son gros front sous le képi, sa culotte beige, et le revolver sans balles, non, était-ce une tenue pour un amoureux, et qui consent, qui dit toujours oui, oui ?

Pablo vint près de lui, silencieux. Ils étaient assez loin de la ville, vers l'ouest. La terre rouge, comme un couchant sans fin. Ils marchèrent longtemps, et Alphonse dit :

– Une fatalité, non ?

– On n'y peut rien, répondit gravement Pablo. Quand cela vous attrape, c'est fini.

– Mais qu'ai-je fait, qu'ai-je fait ? Ne suis-je pas bon avec tout le monde ?

Ils parlaient ; leurs gestes étaient lents, leurs mains semblaient caresser des fleurs invisibles. Pour Pablo, c'était toucher parmi la chaleur une douceur amère, l'amour souriant et malheureux d'Alphonse. Pour celui-ci, c'était chercher un appui sur la lumière, sur les ombres, sur tout cet éclatement. Depuis longtemps ils s'entretenaient ainsi des sentiments d'Alphonse, comme d'un mystère impérieux, et avec des raccourcis, des sous-entendus. Un jeu paisible et mélancolique.

– Toujours les livres, la poésie ?

– La poésie toujours.

– Vous avez de la chance. Moi, le brevet, puis le travail. Signer des papiers, misère !

– As-tu arrêté des gens ?

Alphonse ricana.

– Zéro, finalement !

– Comment fais-tu ?

– Je ne sais pas. Comme ça.

– Et les combats de coqs ?

– Ça, j'y vais. Tout se passe bien ! Entre frères.

– Je suis contre les combats de coqs, dit Pablo.

– Ah ! vous et vos réformes.

– Oui. Au fond ça m'est égal. C'est même beau.

– Tu vois.

– Mais l'argent de tous les malheureux.

– Ce n'est pas pour l'argent.

– Quand même.

– Et que préparez-vous maintenant ?

– Tu veux me faire parler. Écoute. Nous ne préparons rien du tout. Rien.

– Ce bonhomme des bois ?

– Un ami. Seulement l'amitié.

– Tu sais, les élections approchent. S'il y a des troubles, ils enverront la vraie police. Fusils, mitrailleuses, casques.

– Et l'autre perspective ? S'il n'y a pas de troubles, agent de mon cœur, ils feront élire qui ils voudront. Urnes truquées, bulletins préparés, morts qui votent.

– Mais qu'est-ce que j'ai fait ?

– Tu es la force du peuple, Tigamba.

La lumière dans les yeux de Pablo. Alphonse sourit tristement.

– Et de plus, tu te moques de moi.

– Mais non, mais non. Tout se passera bien.

– Nous, on veut des choses extraordinaires. Mais la vie, c'est plus simple, Pablo.

– Alphonse le dit, qui ne se trompe jamais !

– Ne plaisante pas. Avec toutes vos paroles, vous êtes devenus fous.

– Oh ! folie des paroles, comme tu es riche !...

– Seigneur, tu me tueras.

– Écoute, à combien estimes-tu le nombre des individus qui s'intéressent à nous ?

– Les pharmaciens et docteurs, le directeur d'école, le président des sports, les deux gendarmes, tous les contremaîtres, géreurs et valets d'usine, les politiciens

– Combien ?

– Trente.

– Bon. Mais toi, tu vaux trente personnes. Rien qu'avec un petit bout de papier officiel.

– Tu me prends pour un martyr ?

– Le soutien du peuple, Alphonse, le soutien du peuple.

Là, ils rirent franchement. Pablo riait : et les arbres, les oiseaux et les fleurs, et tout le délire de couleurs lâché sur cette terre, semblaient s'ouvrir autour de lui. Cette grâce qui habite tout paysage, qui en celui-ci vaguait prisonnière de la seule immuable chaleur, sur le point d'éclore offrait ses prémices...

« Mais Thaël le fera, pensait Pablo, et Alphonse le protégera. »

Ils allaient par des routes vagues, sans savoir s'ils reviendraient au crépuscule hâtif (mais certes ils reviendraient) vers la ville, ses persiennes, l'eau de ses rues : yeux secrets et voix plates.

VIII

Pour finir (Mathieu bougea sur sa chaise), c'était enfin Mycéa, la beauté sombre.

– Vous aimez trop, dit Thaël.

« Mycéa. Pourquoi m'as-tu regardé ce soir-là ? Avec un tel éclat ? Comme si en vérité de toi à moi la haine était nécessaire. Pourquoi ce vent ? Comme si oui nous avions été marqués pour nous haïr, afin que nos pensées seulement se rejoignent et se complètent, sans défaillances ni erreur ? »

Il aimait trop. Et il avait dérangé l'ordre solennel des légendes, il avait troublé le puissant sommeil des Esprits, il avait voulu remonter jusqu'aux sources, jusqu'à la fontaine noire où tout un peuple accoutumé aux dieux avait festoyé dans la nuit. Maintenant il était là, seul survivant du festin, parmi ses frères oublieux, lui, avec tant de fureurs nouvelles, qui lui équarrissaient l'âme !

Que disait-il, s'écoutant presque, et planant ainsi sur les mots ? Mycéa, comment l'avait-il connue ? C'était au temps jadis, dans les premiers balbutiements. Il avait crié : « Nous devons affronter cette nuit ! Nous sommes fils de la nuit, nous devrons épuiser les fureurs secrètes », et il ne savait plus quelles théories de phrases encore, touées dans la vraie nuit, là, au coin de la rue, sur les marches du magasin. Une voix avait alors crépité (oui) : « Alexis, grand mouvement, petit effet ! » C'était Mycéa, moqueuse. Elle lui avait tendu la main. Quatorze, quinze ans ? Il y avait du temps déjà. Elle lui avait tendu la main, et soudain l'avait embrassé sur les joues, disant : « C'est pour les belles phrases, tu parles bien. » Tout le groupe l'avait acceptée, elle était calme (et c'était bien avant Margarita), il l'avait en quelque sorte toujours connue.

Et n'était-ce pas la même Mycéa qui avait ajouté : « Il faut donner raison aux mots, toute notre quincaillerie de mots est impuissante contre le flot, nous sommes trop jeunes, trop jeunes, il faut grandir vite, vite, et que le combat commence » ? Et n'était-ce pas comique de penser qu'elle avait alors quinze ans et qu'elle parlait de la sorte ? Il l'avait connue en ce combat et ils avaient vécu ensemble (tâchant de grandir vite, très vite)...

Que disait-il ? Ensemble ? La même vie ? Oui, le précieux chargement, la couvaison. Mais il n'aimait pas Mycéa. Et voilà, au bout de l'attente, il y avait eu Valérie. Ainsi l'avait-il connue, Valérie : au milieu des mots. Mais alors, des mots qui avaient grandi, des mots terribles et propices, qu'un autre lui jetait au visage, pour renforcer sa conviction. Et il était convaincu déjà. Et ils avaient tous décidé déjà. Il n'était que cela de nouveau : au milieu des mots, Valérie.

– Je l'ai aperçue soudain !...

(Mais il ne disait pas – le savait-il ? – qu'il n'avait enfin trouvé que sa propre rage, la clarté insoutenable ; qu'il avait deviné l'ennemi ; qu'elle, Valérie, était cet ennemi, tellement semblable qu'il fallait bien un jour qu'entre eux passât l'éclair ; qu'en vérité Mycéa et lui étaient trop proches, différents, et d'accord sur cette différence ; alors que l'autre, l'inconnue, la patiente, était son rêve même, le miroir de sa violence, à lui ;

41

qu'il attendait – oubliant ainsi Mycéa – le moment de se contempler en Valérie, le moment haï où elle le repousserait – le forçant à reconnaître et pleurer son oubli – dans un grand éclat de rire, avec des grâces monstrueuses... – non, cela il ne le savait pas encore.)

IX

« Je l'ai aperçue, dit Mathieu, au milieu des phrases
et du bruit ! Elle était là, pourtant je n'ai pas bougé.
Elle criait, et je suis demeuré silencieux. Elle appelait,
et je n'ai point répondu. La houle de ses mots, autour
de moi, comme une clairière dans ma forêt. Ses arbres
clairs parmi mes arbres noirs !...

(Je croyais, pensait Thaël, que tu voulais te détacher,
seulement connaître et enseigner ? Que font tous ces
mots maintenant ? Pourquoi cette exaltation ? Mathieu,
Mathieu, soyons plus simples...)

« Car elle n'a pas de passé ni d'attaches ! Comme
moi, comme moi. Elle brûle dans son silence, et ses
larmes ne signifient pas. Elle se consume dans son cri,
et les larmes évaporées soudain laissent à ses yeux une
étoile très dure. Elle est pour moi ! Son ignorance
rejoint mon ignorance... »

(Ô divisé ! criait Thaël – mais emporté par ce lyrisme
il criait du plus épais de son silence, d'une clameur
muette et forte – c'est toi qui embellis cette femme !
Qui peut te comprendre ? Tu es seul, tu devines, tu as
la connaissance, oui ; mais tu ne peux profiter de ce
trésor ! Je vois que tu ne peux choisir ; qu'il faudra que
je t'aide, toi qui es venu à ma rencontre...)

« Elle n'a pas de racines – qui est-elle ? – mais elle
a plongé dans notre source, elle a remonté le temps, et

43

connu cette puissance originelle. Je sais qu'elle pleure sur moi : j'ai oublié le noir pouvoir. Et qui sommes-nous, et quoi, si nous ne le disons pas, ici, à la face des mornes ? Voici ce qui m'attache à elle : un silence qui se hait, le muet tumulte. »

(Mathieu ! Reviens sur la route, reviens ! Vois cette poussière, et ce sang. Oublions, vivons...)

« J'aime la terre pesante. Oui. J'aime ce goût de fadeur qu'elle a sur la peau. Je suis sombre comme la terre, et misérable, et comme elle fabuleux. Mais je suis aveugle. Je ne vois pas la sève couler dans les entrailles de la terre. Je suis sourd, et les mots n'ont pas connu le toucher de la roche, l'amour de la terre noire. Pourtant je suis assis au plein de ce bouillonnement, je crie dans cette naissance. Et nul ne m'entend. Je veux dire cette naissance et ensemble cela qui naît. Je veux conclure, signaler. Et cela qui naît, qui est moi et qui me dépasse, occupé à bien naître ne m'entend pas. Folie, folie de l'esprit ! Maintenant, j'irai au soleil. J'attends Valérie que je ne connais pas encore, elle m'est venue tout soudain. Avec elle je quitterai les mots, nous habiterons le long silence où se font les germinations, nous irons dans l'aveugle midi, et enfin nous brûlerons : et nos cendres parleront ! »

(Ne crois pas cela, Mycéa ! Mycéa, ne l'abandonne pas !...)

« Elle habite cette vallée. Je l'ai épiée, adorée, dans le silence de la forêt. Je l'ai surprise sous les pluies, elle brillait solitaire. Son corps est un copeau de ciel noir, ses yeux crient l'été, sa bouche parle aux mystères du jour ! »

– Je veux la connaître ! cria Thaël.

Mathieu refusa aussitôt, avec une surprenante netteté.

X

Un matin, ils allèrent enfin à la rencontre de la mer.
Si proche, on l'oubliait ; mais sa pensée en secret se
maintenait, nourrissait l'être. Puis, brusquement, sans
raison sûre, le vœu s'impose ; il faut la voir, il faut
marcher vers elle.

– La mer, c'est toute une politique, disait Pablo. Avec
elle nous vaincrons. Juste au moment de sombrer, vous
verrez, nous agripperons le monde. C'est la mer : on
coule, et soudain on est à flot. Pourquoi ? Parce qu'on
ne s'est pas laissé faire !

Il y avait là une barre terrible, même aux nageurs
accomplis ; et que les voiliers rentrant de la pêche abor-
daient avec une extrême prudence. Pablo et Gilles s'y
précipitaient, Luc et Michel attendaient le retour de
leurs amis, Mathieu s'inquiétait.

Les jeunes femmes admiraient l'intrépidité des deux
baigneurs, et lorsqu'ils revenaient exténués, triom-
phants à chaque fois, avec cette sorte de lumière sur
tout le corps, elles leur préparaient des boissons fortes,
comme à des guerriers qui reviendraient de la mêlée.
Luc et Michel boudaient la gloire des audacieux ;
Mathieu enfin tranquille souriait.

La mer est pour toujours l'enveloppe et l'à-côté, ce
qui est hors de tout et confine, mais qui cerne et précise
en même temps. Elle est transparente ici, chaudement

45

claire sous ses voiles de bleu, elle repose sur le corps, et c'est plus qu'une promesse. Le long des sables, les cocotiers brûlés par le soleil – quand on connaît la force terrible de leurs racines, quand on a su leur fraternité sèche – nul ne peut plus les confondre avec l'image exotique qu'on en donne : leur office est plus sauvage, et leur présence plus pesante. Ils sont la floraison extrême, la ligne inflexible et sans cesse menacée, le fil et la frange ; ce moment d'éternel équilibre entre ce qui demeure et ce qui déjà s'en va. Avec eux la terre s'ouvre vers le large ; par eux la mer décide du visage de la terre. Lieu de reniement et d'acceptation, cette couronne d'arbres est dépositaire de l'essentiel, enseigne la mesure pesante en même temps qu'elle suscite l'audace irréfléchie.

– Non ! criait Michel. Ce n'est pas ainsi. A quoi sert de provoquer le péril, par simple goût ? La politique est affaire sérieuse, sans romantisme ni mystère. Passons la barre, mais assurons-nous contre les hasards...

– On ne s'est jamais noyé, non ?

– Où est notre dignité (c'était Luc) si nous jouons ainsi à l'aveugle ? Et tous ceux qui comptent sur nous ? C'est une lâcheté.

– Imbécile.

– Une lâcheté.

Le sable volait aussitôt, car Gilles n'était guère patient. Une mêlée générale s'organisait, deux contre deux, des cris sauvages déchiraient la nappe de chaleur. Puis les combattants s'arrêtaient d'eux-mêmes et avec un bel ensemble couraient se laver (tant du sel de la mer que des déchirures du sable) dans l'eau douce et glacée d'un marigot, à cinquante pas de la plage. Ils revenaient s'asseoir près de Mathieu, attendant qu'il décidât encore, puisqu'il était le cinquième, l'impair, et le tenant de la majorité en quelque sorte. Et toujours il expliquait sa passion ; ce goût des choses cachées qui lui venait du fond de la tradition, et cet appétit des bouleversements secrets (les écumes de la pensée) qui le faisaient pencher vers la hardiesse de Gilles et de Pablo. Puis il disait la faiblesse de son corps, et sa certitude qu'un jour il dompterait ce corps.

– Tu n'iras jamais ! criait Mycéa.

– Il suffit que nous y allions, Gilles et moi, déclarait calmement Pablo.

Pendant quinze jours il ne fut pas question de cette barre. Chacun voulait profiter de l'émerveillement de Thaël, être un maillon de la chaîne par quoi bientôt la mer le tiendrait si sûrement. Peut-être comprendrait-il, face à l'étincellement cruel qui s'exaltait des vagues, le sens de l'ouvrage que tous lui avaient dévolu, comme au meilleur et au plus sage.

Et Thaël avançait à la rencontre des vagues avec une timidité franche, l'espoir de la libération, de la plénitude, du plaisir. Humble, il avouait l'impuissance de son être (davantage que le corps, lequel à tout prendre n'avait pas peur) à surnager, à dominer la masse liquide. Il adorait en silence le bleu éternel, cette sphère où il n'y avait pas de place pour lui (à moins que la place ne fût obscurément marquée, depuis toujours), cette limpidité où il ferait une tache, cet absolu qui le repousserait, du moins tant qu'il n'aurait pas appris l'équilibre et l'amour dans la résolue clarté de l'abandon. Bras et jambes raides, mais le cœur léger (et les autres hélaient, encourageaient, l'assurant que jamais on n'avait vu pareilles dispositions, ni des progrès si rapides), il connaissait le partage de tout son être distendu, et pour

47

la première fois n'était pas maître de ses muscles. Au frisson qui le tenait, lorsque les bracelets d'écume serraient enfin contre ses chevilles leur douceur fragile, il comprenait qu'à jamais (déjà, déjà) il était prisonnier de cette force.

XI

C'est là, sur cette plage (située à l'est du delta de la Lézarde et comme cernée des odeurs du fleuve agonisant) qu'ils lui dirent enfin : le moment est venu. Il faut supprimer cet homme, il le faut.

– Et pourquoi pas vous ? hurla-t-il.

Le sable brûlait ; les mains avançaient pour protéger les fronts têtus. Ils baissèrent les yeux. Luc et Michel bougeaient.

– Il a le droit de refuser. Il veut être tranquille. Quelle imprudence.

– Pourquoi pas vous ? demanda encore Thaël (voix forte, sans nuance ni reproches).

Mycéa s'était levée, doucement elle alla vers lui.

– Ne sois pas enfant. Quand tu secoues ainsi la tête, je crois que tes oreilles vont tomber.

Tout le monde rit. Ils avaient oublié le bruit des vagues ; c'était un grand silence alentour ; la mer avait refermé sur eux les portes immenses du conclave. Ils délibéraient, sous le plafond de chaleur.

– Il faut que ce soit un accident. D'ailleurs le mieux est que cet homme s'en aille. A toi de t'arranger. Nul ne doit nous soupçonner, nous serons loin. Sinon ils enverront des policiers. Tu sais ce que cela veut dire.

(Pourquoi parles-tu ainsi, pense Thaël, tu es une jeune fille.)

49

– Ainsi vous êtes venus me chercher pour accomplir votre ouvrage. Vous avez peur du sang qu'il faut répandre. Je suis votre ami, et vous me dites : tuez cet homme. Et voilà, je le tue. Et après ? Un autre viendra. Et un autre, et un autre...

Il regardait Mathieu. C'est à lui qu'il s'adressait. La haine était entre eux.

– Va-t'en ! cria Mycéa. Nous ne pouvons le faire nous-mêmes, et crois-tu que j'aie peur ? Si nous sommes dans l'affaire, le pays sera pourri de policiers armés, nous en aurons pour un an avant de respirer. Je les connais. Et il faut choisir : ou ce traître, ou les fusils. Avec toi, et à condition que ce soit un accident, et à condition que nul ne puisse parler de politique, avec toi nous sommes tranquilles. Et qui le tue, ce chien ? Nous, nous tous ! Crois-tu à la damnation, au sang qui retombe sur la tête ? Nous le tuons, nous tous. Parce qu'il le faut. Ou alors (elle respira doucement), qu'il s'en aille. Trouvons un moyen.

– Il n'y a pas de moyen.

Et Pablo qui s'amusait beaucoup, susurra :

– Peut-être pourrons-nous lui faire peur ?

Et les voilà dans le brasier de sable, ballottés, incertains, voyant crouler toute l'affaire, n'y pouvant rien. Thaël regarde Mathieu, celui-ci ne dit mot. Mycéa jure (elle est parfois vulgaire avec effort, mais chacun sourit).

– Nous avions tort, reprend Michel, et Luc approuve.

Ils ne comprennent pas ces mystères, ils sont pratiques, épais, immédiats, de bon sens.

Et soudain Thaël bondit. C'est assez. Il s'en va. Qu'ils s'arrangent entre eux.

Et les voilà désemparés, muets, ils regardent partir celui qui vint pour accomplir.

– Il reviendra, dit doucement Mathieu.

Et alors Thaël fut calme, il revenait, en effet, droit sur Mathieu.

– Cette femme, murmura-t-il. Leur as-tu seulement parlé de cette femme ?

XII

Mathieu se retirait, fuyant ainsi le choc et la tourmente, dans le square aux allées d'arbustes, bien à l'ombre cependant et propice aux éclats comme aux recueillements. Il allait y saluer les premières floraisons du jour, ou se perdre dans le silence de la nuit peuplée de fantômes agiles. Alors il souhaitait voir le cheval à trois pattes qui à minuit, dit-on, emporte les âmes mauvaises.

La solitude est cette maladie : nulle société n'en guérit. Nul rêve n'emporte cet extrême silence (une foison de voyages) de l'être qui se parle sans fin. Les ambitions, les élans vagues, les longues et véhémentes disputes, la ripaille des carnavals, rien n'y peut. Au détour du moindre refrain, au coin de la plus banale rue, voici l'image éternelle. Accours, ombre. Fleuris, rosier ! Enfle, voix souterraine pleine de maléfices. Mathieu scrutait les visages, plus sombre que le plongeur aux clairs déserts sous-marins. Il se fortifiait dans cette faiblesse de son corps. Il créait mille sujets de gloire, pour son inquiétude de ne pouvoir y atteindre. Maléfique, pourquoi ?

– Je suis paisible, dit Mathieu.

Les débits d'alcool projetaient dans le soir une seule lumière. C'est une lampe à pétrole peut-être ; c'est l'ardeur tranquille d'un peuple qui ne peut trouver son aise au tumulte des endroits consacrés à l'ivresse. Les débordements sont ici naturels (connus, explorés, quotidiens), la chaleur éternelle. Et Mathieu :

– Si je renonce à cette solitude, je ne pourrai continuer mes recherches. Peut-être. Mais la ville devrait m'offrir une maison. Me donner. Et aussi un assistant pour les travaux de dépouillement. Me donner. Ce soir j'irai sur le banc à gauche dans le fond. Je ne puis continuer ainsi. Combien de personnes pourraient s'asseoir sur le banc de gauche ? Tous les bancs du square ont la même longueur. Six personnes à condition qu'elles se tassent (l'une contre l'autre). Trois hommes et trois femmes. Oui, je suis seul.

Mais le temps venait déjà où au miroir de sa souffrance une lueur fragile s'allumerait. « Je suis comme eux, dit Mathieu, je bois à longueur d'année la même irréductible boisson. » Et il regardait dans la direction des bars (si justement appelés *privés*) d'où venait cette lumière paisible. Amère, amère chaleur de la nuit !

Et il se rappelait une fois de plus l'histoire de la veille. Il revoyait le sable, les baigneurs inconnus, indifférents, lointains.

« Je te pardonne », avait murmuré Mycéa. Et Thaël avait répondu : « Merci, merci. »

Et ils étaient tous restés pantelants sur le sable.

Et Margarita (la folle) avait demandé : « Quelle femme ? »

Alors Mathieu avait crié : « Je l'aime, comprenez-vous ? » Puis il s'était levé.

Et Mycéa, aux yeux soudain sombres, avait ri dans le soleil.

XIII

En un tel soleil repose le cœur obscur des hommes. Cette chaleur occupe toute force, impose chaque front, nourrit, apaise. Il semble que le jour ait une traîne imperceptible, un épaillage de moissons à tout moment recommencées ; il semble que jamais ne tarira cette réserve de fécondités. L'homme doucement recule, il sonde (sans connaître qu'en cette façon il agit, perdu là parmi les rêves qu'autour de lui ont levés les palmistes, les filaos peignés par le vent amer, les oiseaux siffleurs), il sonde dans la nuit qu'il enfante, et voici, un songe plus ardent que tous les rêves d'alentour lui vient, un fort relent de piments noirs, un battage torrentiel. Ce n'est pas là une menée consciente ; mais à mesure que les champs labourés se couvrent de cannes (toujours de cannes), l'homme affamé se souvient d'une plus haute faim, parmi des terres stériles ou profondes, qui lui parlaient. A mesure que les cannes poussent (jusqu'à dépasser la tête d'un homme) le travailleur frustré regarde ses enfants au ventre lourd, nourris de fruits à pain (mais de fruits verts) et pense, tout au fond, à une plus haute misère, dans des forêts lointaines, révolues. Alors il crie, et rudoie les enfants. Il boit de l'eau à la barrique (on voit scintiller jaune et vert un peu de soufre au fond de l'eau) et hèle : « Oh ! femme ! ces enfants sont des démons. » Et les enfants hurlent, ne comprenant pas. Non, ceci n'est pas une vérité assurée, comme de celles qui font dire à propos de celui qui les énonce doctement : « Il a appris tout cela dans les livres. » Mais à mesure que les cannes mûrissent, quand les enfants n'y tenant plus s'échappent à la tombée du jour, loin de la case, et vont chaparder un bon bout, au risque de se faire attraper et cravacher par un commandeur (ou, pire, un géreur à cheval), et ils sucent le bâton de mort, plus sucré déjà que le café du matin, et ils s'arrachent les lèvres sur l'écorce, et ils s'engourdissent les mâchoires, trompant ainsi la faim, oui, à mesure que les cannes inexorablement mûrissent, le maudit des récoltes sempiternelles doucement s'en va dans une révélation recommencée, dans une récolte nouvelle et séculaire, et sans le savoir, debout là contre la tôle de la cabane, il entre dans la vérité de son soleil.

Ainsi un peuple lentement revient à son royaume. Et qu'importe de dire déjà : où, et comment ? Ceux qui, enfin, reviennent le savent bien. Ils connaissent la route, et qu'importe de dire : voilà, ils sont partis de tel endroit, et c'est ici qu'ils furent débarqués ? Le temps viendra de marquer le port, et le débarquement. Ceux qui, pendant des siècles, furent ainsi déportés (et ils ont conquis cette nouvelle nature, ils l'ont peuplée de leurs cris retrouvés), ils diront une grande fois le voyage, oh ! ce sera une clameur immense et bonne sur le monde. Pour aujourd'hui, ils lèvent la tête, et se comptent. Ils sont une nouvelle part du monde, ils ont glané partout, ils portent le ferment universel. Et si, accoudé à la case, l'homme obscurément se nourrit d'une autre cassave (lointaine) c'est bien afin de retrouver ici (par l'aliment du songe) l'ailleurs qui est le sien, et de trouver en cet ici toute saveur et toute liberté. C'est afin que l'ici lui appartienne tout cru ; – mais ceci n'est pas une démarche consciente. L'homme sait que le premier travail est de lever la tête, il la lève ; de réclamer son pain, il le réclame. Alors il revient de la ville, bruyant. Le représentant a dit des choses importantes, cet homme est notre espoir, je suis d'accord avec lui, oh ! voisin ! on votera pour lui, ce type-là il a compris quelque chose, c'est à croire qu'il a trimé parmi nous, allez, vous verrez qu'on va enfin s'en sortir. Et l'homme debout contre le lit de planches boit un grand coup, han ! comme s'il houait la terre des Roches, près du Morne au Diable, et que d'un trait il enfonçait l'éclair d'argent parmi les cailloux noirs ; et il s'essuie la bouche largement.

Alors c'est une nouvelle mesure de l'amour et du désespoir. Un trait neuf sur le monde visible et sur toutes les puissances inconnues. Voilà ce qui est déjà. En la chaleur s'affermit un style : et cet homme le signifie, qui a la force du soleil dans les yeux. Et cela est si profond, si calme, que c'est misère et grande joie de voir tous ces enfants s'exciter là-dessus. Sans compter les visiteurs, les ébahis, ceux d'un jour ou d'une année. Ce style cependant, il en est comme Mathieu qui peinent vers lui, qui le devinent à douleur ; il en est, comme Thaël, qui le possèdent d'emblée et qui, pourtant, ne l'accomplissent pas. Et l'homme, ayant bu, pense que peut-être ceux-ci (qu'il a vus sur la place) arriveront à quelque chose. Il ne sait pas, mais il leur fait confiance, là. Il regarde vers la ville, avec nostalgie ; puisqu'ils ont les moyens, qu'ils se débrouillent. Ses enfants doivent travailler (c'est une banalité) dans les petites bandes. Le plus jeune, quatre ans, conduit les bœufs devant la charrue. Il ne peut pas les envoyer à l'école obligatoire. Mais laissons... Ce qui importe, après la dure lutte quotidienne, c'est la lumière nouvelle qui se répand sur les mains du monde. C'est l'œil qui réapprend, c'est la voix qui soudain lève, c'est un vent, et les humains

56

étonnés se redressent, hument longtemps et disent : « Sentez ce vent, entendez cete voix. » C'est l'effort d'un seul homme, arrimé au vieux bateau, content de se sentir plus neuf que la première caïmite (avec son goût âcre de colle). C'est la chaleur et le soleil (où Mycéa riait, farouche et seule). C'est une ville, un atome de terre, avec tout son entour de cannes, de marais, de mer lointaine, de boues proches. Et la Lézarde, qu'on ne peut oublier, car elle déborde souvent.

XIV

Or Thaël livrait sa bataille solitaire, son combat contre les ombres (pensant aussi à ses chiens ; en matière d'ombres leur avis importait).

Mathieu était parti. Il avait suivi cette route du Sud où le menait sa solitude, et il était arrivé après une heure de marche dans la « Vallée ». Il appelait ainsi (par réminiscence scolaire) une déclivité abritée entre des orangers aux fruits toujours verts, tapissée de cresson bleu et vouée au silence. Ici le soleil n'était pas roi, mais beau serviteur de l'ombre. Mathieu haïssait cette ombre... A l'extrême pointe de l'endroit, quand on avait descendu toute la pente, on apercevait, telle une suprême récompense, l'admirable maison où vivait Valérie. Mathieu guettait, et à mesure (depuis des jours déjà), la maison aussi lui devenait insupportable... Cette véranda immense, dans l'ombre de laquelle le regard ne pouvait plonger. Cette aisance et cette quiétude. Les pieds de piment rouge et jaune, les coquelicots vifs, et toute la paisible blancheur des murs. Accroupi là, Mathieu s'aveuglait de couleurs (de haine flamboyante). Il attendait jusqu'à la nuit ; parfois il devinait cette femme, tante ou grand-mère, qui dormait dans l'ombre. Il percevait, à force de fixité, le lent mouvement de la berceuse. Il distinguait fugitivement l'ourlet d'une robe, et c'était Valérie qui sortait près de la porte. Il entendait, ô douleur, sa voix froide et assurée. Il brûlait dans la nuit ! Et ce soir-là, comme si elle savait qu'il était là, Valérie dépassa les coquelicots, elle arrivait (ramassant du cresson peut-être). Mathieu bondit. C'est ainsi qu'ils se connurent vraiment.

Sauvage combat, sans un cri. Ils roulèrent, elle se défendit comme un homme, on eût dit qu'elle souriait vaguement. Giclée d'oiseaux. La nuit. Étoiles. Un chien aboie. L'épaule de cette fille. La voix de la grand-mère. *Mais que veut-elle, à la fin ?*... Mathieu se laissa couler, Valérie près de lui.

Les oiseaux tout à l'heure affolés avaient repris leur secrète demeure ; l'espace alentour s'était comme rempli de silence. Ils étaient seuls, dans le scintillement doux des arbres. Pas un souffle, pas un halètement.

– C'est la maison, dit Mathieu.

Et Valérie, qui n'aimait pas Mathieu (et qui le savait déjà), lui sourit gaiement.

– Vous me plaisez bien, vous.

Puis elle ajouta :

– Ma marraine m'appelle.

Pourtant elle ne bougeait pas, semblant rêver, lointaine et complice. Mathieu la voyait dans la lumière de la nuit. Pouvait-il pleurer, là, devant son vainqueur ?

Et Thaël sut qu'il acceptait. « Où est Mycéa, il faut qu'elle sache. J'accepte ! »

Il n'avait pas lutté contre des principes moraux, il leur dirait cela. Il n'avait pas hésité à cause du sang. Il savait que parfois la terre vous fait des traîtrises, aux-

59

quelles on doit consentir. Nul ne peut juger, s'il n'a connu de tels moments. Non, il n'avait pas lutté pour vaincre cela. Mais de la légende à la réalité, où était le chemin ? Le sacrifice d'une vie humaine est chose haute, dans la légende. Mais dans le réel terrible ? Ce qu'il cherchait, cet ordre, cet équilibre, un homme en avait-il le secret ? Suffisait-il de tuer cet homme pour aussitôt connaître la sérénité ? Pour se lever droit et solide ? Bien sûr, le renégat ordonnerait encore et encore des iniquités, par quoi le peuple souffrirait. Et la misère encore plus drue comme une brume de haute mer qu'on voit venir, noierait tout le pays. Cela, il fallait l'empêcher. C'était le travail essentiel. Mais cette grande clarté en lui ? Et l'ivresse de Mathieu, sa recherche frénétique ; le maëlstrom qui les écrasait, les rejetant l'un contre l'autre ? Ce tourbillon insensé qui était bien la calamité de toute une génération ! Et comment, dans quelle intimité vivaient-ils avec la terre ? La terre ne leur appartenait pas, la terre était une rouge aspiration de l'être, un désir, une colère !

Voilà. Il avait compris que cette terre qu'ils portaient en eux, il fallait la conquérir. Non pas seulement dans la force des mots, mais concrètement, chaque jour, qu'ils en aient l'usufruit, le bénéfice, qu'ils en fassent l'inventaire et en disposent librement. Car la terre toujours se donne.

Pour la ville, il verrait plus tard. Elle l'avait aidé, inspiré peut-être. Plus tard, plus tard. Il avait découvert la première vérité ; ce montagnard devenait un paysan.

Il courut, avec des hurlements, vers la maison de ses amis, bouscula Pablo.

– Où est Mycéa ? Il faut qu'elle sache.

– Oui, dit Pablo, oui. Tu acceptes.

(Devant Thaël stupéfait, Pablo. Il avait su depuis toujours que l'invité accepterait. Il était calme, souverain,

gentil. Thaël se troublait : on l'estimait de la sorte...
« Pourquoi ? Ils me connaissent à peine... Oh ! je sais
maintenant, j'ai trouvé l'amorce, le ferment !... »)

Mais Mycéa était partie. Elle avait laissé une lettre
(tout s'embrouillait, il fallait expliquer, n'avoir pas l'air
de fuir, elle était fatiguée, besoin de solitude, qu'on ne
croie surtout pas qu'elle fût malheureuse, enfin, les
tamarins allaient fleurir, au revoir, au revoir), et elle
avait suivi la route de l'Ouest, la plus ouverte, qui mène
n'importe où.

XV

La jeune fille avait du courage : elle marcha toute la nuit parmi les ombres affolantes, sans entendre les obstinés concerts du bambou, sans entendre les chiens (ou les *engagés* qui empruntent la forme des chiens, courent la campagne, volent, effrayent, s'amusent d'autrui), sans entendre le bruit multiplié de sa propre marche dans la splendeur noire, sans rien entendre qu'en son cœur un silence encore étonné, un silence qui avait pris corps et qui était maintenant l'âme sans âme de sa chair. C'était une fixité étrange dans la nuit... J'aime Mycéa (de loin, d'un amour encore enfant, mais déjà clair, savant) pour cette droiture de la fuite, pour cette résolution qui lui interdit de souffrir, et elle se demande vraiment pourquoi elle est partie, et elle rit parfois (se demandant pourquoi). Les cathédrales souveraines de la nuit et de la terre s'ouvrent devant la jeune fille aveugle, elle monte par la nef de mystères, entre les lourds manguiers, la profusion des voûtes grimpantes, le hourvari du vent (qui est comme une architecture plus subtile), vers l'autel du matin. Elle se confond avec cette roche volcanique, et peut-être, à force de ne pas sentir (de ne pas souffrir), à force d'être vide et mécanique, marchant ainsi sans autre but que d'aller loin dans la fatigue, peut-être s'ouvre-t-elle purement à ce destin de la roche, de la terre ensablée, oui, peut-être enfin comme cette terre et cette roche s'ouvre-t-elle à la déchirante passion des mers, à l'appel de ces deux mers (une furie, un plaisir) qui de chaque côté tirent ; qui sollicitent le pays, l'accablent ou le caressent, voulant en cette furie le ravir vers le large ou au contraire par ce plaisir et cette caresse l'amuser, l'endormir, afin de le couver moitement, à demeure, sans ouverture. Et peut-être Mycéa, à force d'être vidée de son être, dans tout ce silence qui la résume parfaitement, perçoit-elle la succion acharnée de l'océan, sa rage d'attirer, d'emporter et qui, en effet, emporterait tout (les mornes, les labours noirs, et l'odeur brune du bois d'Inde, les chiens gris sombre) si de l'autre côté la mer tranquille ne retenait par tous les subterfuges de la séduction. Et le pays est un équilibre entre ces deux forces, une patience entre les rochers noirs et furieux de l'océan (à l'est) et les plages douces et bruissantes de la mer (à l'ouest), une droiture qui, livrée à elle-même en elle-même trouve sa vaillance et sa raison, méconnaissant la lutte dont elle est l'enjeu. Et Mycéa est cette droiture, lancée dans la nuit comme un fil inflexible sans détour ni retour et qui, seulement, connaît enfin ce combat autour d'elle, dédaignant d'y prendre part. Mycéa marche vers la lueur là-bas, qui toujours recule. Elle est seule entre les piliers d'où le ciel tombe comme une draperie sans fin. Elle est seule dans le frisson de la nuit, quand les chiens ont cessé leurs rapines et que le vent s'est retiré derrière les hauteurs. Tout parfum est mouillé, le lointain avance. Elle est froidement seule dans la chaleur du petit matin, elle trébuche (mais c'est parce que ses jambes sont raidies, sa tête lourde), elle s'effondre près d'une mare, et des grenouilles plongent dans un éclat ! La grande communion a pris fin, les cathédrales ont disparu. Voici le temps de la souffrance qui illumine. La souffrance est venue avec le matin, aussi prompte que lui. Il ne reste plus que cette parole ravalée, l'œil d'un crapaud qui barre toutes choses...

C'est donc près de cette mare jaunâtre qu'un homme (celui-là peut-être dont nous avons remarqué l'enthousiasme et la nostalgie : cœur fécond et geste splendide) découvrit le petit tas gémissant, implorant, brisé. L'homme cria : « Elle est blessée, elle est blessée ! », puis il l'emporta vers sa case, où la femme et les enfants se tenaient droits, rigides, silencieux, attendant de pouvoir exploser en stridences de pitié, de compréhension, d'amour.

Mycéa ouvrit les yeux sur cette misère accueillante. L'homme vêtu de grosse toile, la femme d'une robe légère, tissu éclatant, nouée à la ceinture d'un morceau de drap blanc, les enfants mystérieux, déjà affamés, aux yeux immenses.

(Cette propreté dans la misère, qui suffoque toujours l'arrivant.)

La femme l'avait frottée de vinaigre, l'homme aurait préféré le rhum, il tenait encore la bouteille. Mycéa sourit ; mais il lui sembla aussitôt qu'elle avait oublié quelque chose, que cela allait revenir (quoi ?), et alors elle décida qu'elle vivrait avec eux, s'ils l'acceptaient ; avec cet homme et cette femme, si loin d'elle. Les embrasser, ils ne comprendraient pas ! Elle s'étendit tout de son long, la tête contre la cloison (elle aurait le temps de voir le sol de terre, les planches des murs avec les éclats de soleil, et quelle importance, la misère est partout semblable, oublier...). L'homme dit :

– Mon nom, c'est Alcide Lomé. Voici ma femme, Désirée, et les enfants.

– Mais le fromager ? cria Mycéa, soudain présente (voulant dire, que l'arbre était de l'autre côté de la ville, qu'il y avait entre l'arbre et l'homme toute cette pâture de maisons ; que l'homme était marié, avait des enfants, quand elle l'avait imaginé sombre, misérable, halluciné, perdu dans son grand amour, bafoué et vengé ; qu'elle ne voulait pas renoncer à sa croyance, abdiquer le merveilleux, dénaturer l'amour et l'arbre centenaire unis dans l'ineffable ; qu'il était là cependant, l'homme d'amour terrible, avec la misère et la joie, l'aride misère et l'inexplicable joie de chaque jour !...).

Ils rirent aux éclats, et même les enfants avaient l'air de comprendre la chose. L'homme caressait la bouteille, la femme s'appuyait doucement, Mycéa put compter la marmaille : quatre, dont les jambes maigres tressautaient, et leur ventre violacé poussait, et ils avaient oublié les merveilles douloureuses de leur enfance, à cause de cette jeune dame qui disait comme les autres : « le fromager ».

– On raconte tellement d'histoires, que voulez-vous, on n'y peut rien.

– Seigneur, c'est bête ! J'avais peur du fromager, je disais tout bas : Lomé, Lomé, ne me fais pas de mal.

Alcide Lomé, sa femme, ses enfants riaient. Et Mycéa riait enfin. Tellement les légendes, miroirs de l'homme qui se cherche, sont ici acceptées, fréquentées, jamais prônées, jamais combattues ; et par là même rendues fortes, signifiantes, et caduques.

XVI

Oui, ce qui étonne, c'est qu'ici tant de merveilles du monde soient reçues. Qu'une si infime partie de l'univers soit à ce point remplie du bruit de l'univers. Mais aussi, l'homme y connaît une immobile ferveur, un unique et perpétuel assaut de chaleur, et il se tient debout dans le mirage né de lui. Le lieu, la flamme. Dont il faut rendre l'éclat avec des mots de force précise, qui soient aussi des mots de chatoiement.

Ainsi nos amis, déchirés par les événements, les passions soudaines, le remords jadis inconnu ; conscients du temps que l'on peut perdre à débattre des misères du cœur (et acceptant ce temps perdu, pour les retours et pour l'unique flamme qu'il permet), nos amis s'étaient réunis solennellement dans le royaume sans frontières de la plage : et c'était là un étrange dialogue, sec, intrépide, fou ; avec des alluvions et des courants qui sous les mots charriaient leurs fureurs secrètes.

Luc : Nous avons à juger Mathieu.
Michel : A l'aider.
Gilles : Et Mycéa ?
Luc : Mathieu d'abord.
Gilles : Elle l'aime.
Thaël : Vous ne saviez pas ?

Margarita : C'est toi le responsable !

Thaël : Oui. Oui. C'est moi.

Gilles : Mathieu était décidé depuis longtemps.

Michel : Que faisons-nous ?

Luc : Que Mathieu se rachète. Je propose de l'exclure du groupe pour deux mois.

Thaël : Vous êtes catholique ?

Margarita : Luc n'a jamais aimé Mathieu.

Luc : C'est faux.

Thaël : Les tamarins vont fleurir...

Luc : Mathieu doit être sanctionné ! C'est la règle, elle vaut pour tous !

Gilles : Ne soyons pas idiots.

Thaël : Il est le chef.

Luc : Le chef de quoi ?

Michel : Il n'y a pas de chef

Margarita : Et toi, Pablo ?

Pablo : Je dors.

Luc : Ah ! là, là...

Thaël : Vous ne pouvez rien sans lui.

Luc : Personne n'est indispensable.

Gilles : Maintenant, écoutez. Connaissez-vous l'autre ?

Margarita : Valérie ?

Pablo : Belle. Oui.

Michel : Qu'est-ce que ça vient faire ?

Margarita : C'est déjà quelque chose.

Luc : Peut-on la voir ?

Thaël : Non, non et non.

Michel : Qui décide ?

Thaël : Moi.

Margarita : Tu la connais ?

Thaël : Je la connais.

Margarita : Où ?

Thaël : Partout.

Luc : Ah ! là, là...

Thaël : Que voulez-vous ? Que Mathieu s'agenouille, qu'il vous supplie de pardonner ? Que l'autre vienne et se prosterne aussi, et vous supplie de l'accepter ? Vous n'êtes pas la voix du monde, ni son nombril.

Pablo : J'adhère !

Luc : Monsieur le Conseiller-j'adhère.

Pablo : Tu veux un tam-tam ?

Michel : Voyez où nous en sommes.

Thaël : Vous jugez.

Luc : C'est pour aider Mathieu.

Thaël : J'ai entendu la voix. J'ai entendu tout ce tumulte. Qui peut juger ? Qui peut aider ?

Luc : Tu as lu trop vite, trop de livres.

Thaël : Me connaissez-vous ? Non ?

Michel : Nous nous connaissons tous.

Thaël : Je vais vous dire. Il faut reconquérir la terre. Ça me pousse au bout des doigts.

Margarita : Ne sois pas romantique.

Thaël : Il faut prendre racine. Alors on peut partir.

Michel : Tu as appris tout ça.

Pablo : Les tamarins...

Gilles : Mais nous sommes trop marqués par la ville !

Margarita : Et il faut que nous soyons partout.

Thaël : Oui.

Luc : En attendant, le premier travail est pour Thaël.

Thaël : J'ai accepté.

Michel : Nul ne te connaît. Ce sera facile.

Thaël : J'ai accepté.

Luc : Alors ?

Thaël : Rien n'est fini.

Gilles : Et Mycéa ?

Margarita : Mycéa.

Mathieu : Bon. C'est mon affaire. Personnel... Maintenant parlons avec sérieux. Les élections. Nous commençons le travail par le quartier de la Mission. Deux réunions par semaine. Rendez-vous demain à quatre heures.

Gilles : D'accord.

Pablo : Yes baby.

Luc : Et voilà. C'est toujours ainsi...

(Ils s'en allaient, Thaël et Mathieu, Luc et Michel, Margarita et Gilles, Pablo.

– Tu l'as vue ? Vraiment ? Où ?

Thaël, droit vers son frère, affirma :

– Je la verrai !

Et ils connurent soudain, pour la première et peut-être l'unique fois, que lui, Thaël, avait à peine dix-huit ans ; et que Mathieu, âgé de vingt et un ans, semblait déjà plus qu'un ancêtre : l'habitant d'un monde disparu ; anachronique dans toute cette chaleur féroce et monotone de la ville.)

« Rapport de la dernière réunion : affaire Mathieu, Pablo à l'encrier. Luc nous convoque, on y va, c'est la règle (je dis cela pour Thaël qui n'est pas habitué, ce montagnard). Luc dit : "On va juger Mathieu" ; Luc est fou. Je m'ennuie. Chacun raconte sa petite histoire, mais je retiens une affaire de tamarins, rapport à la lettre de Mycéa : et je trouve cela très joli. Thaël dit qu'il connaît l'autre (nous savons tous que c'est de Valérie qu'il s'agit, et moi je sais que ce n'est pas vrai : je veux dire bien sûr que Thaël ne connaît pas l'autre), et il dit qu'il la connaît de partout. Je dis que je dors. (Encore une parenthèse : ce Thaël est formidable. Il demande à Luc s'il est catholique !) Puis on discute : qui est le chef ? Moi, je ne dis rien, le chef c'est

Mathieu, et il n'y a pas de chef: tout cela est vrai. J'adhère, et par voie de conséquence Luc me cherche querelle (ah! là, là...). Il veut aider Mathieu, personne ne peut aider personne : c'est le tumulte, c'est la voix sauvage, c'est la flamme, mais je sais qu'on est pour trouver quelque chose. Thaël a trouvé la terre, c'est déjà un paysan. Il a raison, nous trouverons la racine ; mais il faut être partout : à la ville, ailleurs. J'irai ailleurs parce que je deviens paysan. Où est Mycéa ? Elle me manque. Mycéa, où es-tu ? Thaël accepte, l'affaire est dans le sac, Mathieu reprend les commandes, il faut dire qu'il n'avait pas ouvert la bouche jusque-là. Réunions publiques dans tous les azimuts, Luc râle, on s'en va. La séance est liquidée. Le secrétaire : Pablo.

Note additive. J'avais aussi remarqué, sans m'étendre, que l'autre est belle. »

XVII

« Alors, disait Margarita à l'agent de police Alphonse Tigamba, il y avait lieu d'agir, peut-être même d'user de son autorité officielle. Parce que les menaces se multipliaient dans l'air, sans qu'on sache où elles frapperaient, oui... »

L'ombre des barreaux tombait sur la table *(Qui était le prisonnier ? – « Nous sommes tous des prisonniers »...)* et la poussière naissait tranquillement dans la lumière jaune. Le bureau sentait doux le renfermé, le papier de justice. Margarita et l'agent étaient parfaitement immobiles... *Je n'aurais pas dû venir...*

– Raconte-moi, dit Alphonse.

« Oh ! il n'y avait pas grand discours à faire, et peut-être avait-elle eu peur d'un mirage de carême, mais c'était à cause de Mathieu, il avait tellement changé, elle avait peur pour lui... »

– Gilles savait-il qu'elle était là ?

« Non, non, elle était venue d'elle-même, parce que enfin, il y avait eu toutes ces palabres mystérieuses entre Mathieu et Thaël, on voyait bien qu'ils étaient faits pour s'entendre, et Mathieu avait changé, comme si Thaël avait déclenché tout subitement un mécanisme, et ça ne faisait que commencer, bien sûr, on ne pouvait encore crier à l'incendie, mais enfin, elle était persuadée qu'il fallait agir... »

– Mais un fait précis, un indice ?

« Un fait précis, non, rien de considérable, sauf bien sûr que Thaël avait dit (ce qui était incompréhensible) : "Leur as-tu parlé de cette femme ?", et que la femme en question c'était la jeune Valérie, celle qui habitait avec sa marraine, une belle belle fille oui, et que Mathieu avait crié : "Je l'aime, comprenez-vous ?", et que ça avait fait un choc... »

– Et il a dit : « Je l'aime » ?

Alphonse Tigamba ne pouvait croire, ses oreilles lui faisaient mal, son cœur montait. Mycéa ? Qu'avait dit Mycéa ? Mais il n'osait pas poser la question.

« ... Et ce n'était pas tellement d'avoir dit "Je l'aime, comprenez-vous", car enfin cela aurait pu encore s'arranger, mais c'était le ton, la violence, la rage, quelque chose qui l'avait clouée, elle Margarita, comme si la foudre l'avait traversée pour se planter sur le sable, et elle avait senti que tous les malheurs se mettaient en marche derrière l'horizon, et elle avait presque porté les mains à son visage (en tout cas elle se souvenait parfaitement d'avoir ébauché le geste) comme pour ne pas voir l'horizon de mer, la ligne là-bas où il lui avait semblé que quelque chose allait grandir... »

– Mais qu'ai-je fait, pensait Alphonse Tigamba, raide et impassible, qu'ai-je donc fait ?

« ... Et ce n'était pas tant la violence de Mathieu ni le rire de Mycéa. Car Mycéa avait ri plus sauvagement encore, comme avec des hoquets, mais bien sûr Alphonse connaissait la fierté de Mycéa, et elle n'avait rien dit autrement, si ce n'est dans cette lettre, avec l'idée bizarre des tamarins qui allaient fleurir (et je te demande, as-tu déjà vu des tamarins fleurir, nul ne fait attention à ces choses-là), et elle avait dit de ne pas s'inquiéter, mais on ne savait absolument pas, mais alors absolument pas, où elle avait pu aller... »

– Tu ne pouvais pas le dire plus tôt ! hurlait Alphonse.

« ... Oui, c'était ennuyeux, elle avait disparu, mais enfin, Mycéa était sérieuse, elle ne ferait pas de sottises, non, mais on ne pouvait en dire autant de Mathieu, Mathieu ne voulait pas que Thaël rencontrât Valérie, et Thaël avait dit : "Je la verrai", cela elle l'avait entendu, elle Margarita, sans le faire exprès... »

– J'écoute jusqu'au bout. Tout cela ne m'intéresse pas ! Il faut que je retrouve Mycéa, tout de suite !

« ... Et tant que Thaël n'aurait pas trouvé Valérie, on pouvait espérer. Car il ne partirait pas, sûr, avant de l'avoir au moins vue (pourquoi, pourquoi ? tout cela était de la folie), et on pouvait dire que tant qu'il ne l'aurait pas trouvée les choses en resteraient là, d'abord parce que Mathieu et Thaël ne se battraient pas avant, et ensuite parce que Thaël ne partirait pas, ce qui voulait dire, en deux mots quatre paroles, qu'il ne rencontrerait pas l'officier... »

– Papa Lazare, gémit Alphonse.

« ... L'officier du gouvernement... Et ce qui était sûr, c'est que si Thaël rencontrait vraiment cet officier il y aurait des éclats, elle ne pouvait pas dire pourquoi, et Mathieu et Thaël se battraient ensuite, même si l'autre chose se passait bien, enfin, Alphonse voyait ce qu'elle voulait dire, c'était à lui de protéger Thaël et Mathieu... »

– Mais qu'est-ce que j'ai fait aux puissances ?... Moi, pourquoi moi ?...

« ... Et elle préférait tout lui dire, elle ne trahissait pas, il était comme un frère, elle avait confiance en lui Alphonse Tigamba, si les autres apprenaient cela ils ne lui pardonneraient jamais, mais enfin il fallait agir avec rapidité, et avec prudence, avec prudence surtout, parce que Thaël cherchait (sans même le savoir peut-être) et

73

quand il aurait vu Valérie il partirait, et il cherchait, il brûlait, chaque jour il allait sur la route du Sud, comme s'il savait déjà que Valérie habitait là... »

Margarita se tut, droite sur sa chaise (de grosses larmes partageaient nettement son visage, larmes rigides, géométriques – vraiment une statue de la procession), face à l'agent de police Alphonse Tigamba qui la regardait sans oser bouger.

XVIII

Thaël avançait dans la direction du Sud ; cette route était à l'opposé de celle qu'il avait suivie avec Mathieu, lorsqu'ils s'étaient approchés de Lambrianne. Et c'en était aussi l'exact contraire. Là-bas, l'hésitation, les lacets, le retard complaisant : ombres palmées, silences (lorsqu'on venait des montagnes du Nord, et avant qu'on ne surgît soudain sur la longue allée droite qui porte la ville au bout de sa course) ; et par ici, tout au débouché des maisons, comme jaillie directement de leurs murs roses et jaunes, la plate et infinie distance de goudron, gluée à même le ciel, sans haies ni bas-côtés, sans habitants rivés là. L'herbe grasse des tau-reaux pousse dans la plaine, elle vient flairer vert et brun la poussière des camions. La route est assurément sans mystères, elle conduit droit comme fatalité vers le grand carrefour de l'usine : ce qui fait que toute cette rigidité du goudron est pour saluer le chantier de la mort, que toute cette platitude du ciel sur l'éclat noir de la route est pour annoncer la dangereuse banalité des bâtiments de la cuisson ; que, dès les dernières maisons de Lambrianne, cette rigidité, cette platitude, cette banalité baignent dans l'odeur de jus brûlé, dans le parfum fade et fruité tout ensemble de la canne. Le voyageur qui va plus avant dans le pays, vers le Sud aux blancheurs étalées (salines éclatantes, plages pour les vacances), passe ici sans détourner les yeux de la route inflexible ; et l'herbe en vain balaie la trace des voitures : nul ne voit l'herbe.

La ville est ainsi, sur la hauteur qui précède la plaine, un lieu difficile que la route du Nord semble hésiter à rejoindre : préférant se nourrir d'elle-même, cette route s'attarde. Et la ville est aussi l'antichambre de l'usine où mène la route du Sud : celle-ci veut alors en finir d'un seul coup, sous la pression du ciel.

Thaël avançait avec prudence : il découvrait ici la rhumerie (je suis comme un touriste, pensait-il, on lui montre les machines, on lui fait boire un peu de mélasse, il s'étrangle, il tousse et dit : merci, les ouvriers rient doucement, tout baigne dans la suffocation du sucre, les yeux pleurent – Thaël avait entendu parler de cela – pourtant c'est mon pays et je ne le connais pas, c'est ma terre, et voilà, je découvre cette usine ; incroyable, je n'en ai jamais vu) et il flairait l'air, apprenant ce parfum tenace de la mort. Il avait dépassé un pont, tellement plat qu'on ne s'avisait vraiment de son existence qu'aux moments des crues lorsque l'eau qui le balayait faisait ressortir les tuyaux des rambardes : on eût dit alors une caisse de transparences aux parois invisibles, à l'armature de fonte. Et Thaël, comparant cette monotonie, ce pont plat, et l'usine, aux détours de sa première route, aux trois arbres qui en avaient marqué les étapes (flamboyant, prunier moubin, fromager : l'arbre de gloire, l'arbre des misères, l'arbre des contes – rouge, jaune pâle, gris lointain), confrontant cette banalité présente et la splendeur du souvenir, Thaël pensa qu'à la fin il avait quitté la légende, qu'il était entré, oui, dans les espaces ingrats du quotidien, qu'il allait apprendre non pas la démesure de la souffrance, mais enfin la rigueur des misères communes. (Mathieu a raison. Il ne vit plus dans ce volcan, dans cette sphère de feu, il a renié la splendeur, il établit soigneusement les marches de notre histoire, il consigne des faits, c'est un historien ; la précision le passionne, les morts lui parlent soigneusement.) Thaël se jeta dans un chemin courant, entre deux champs de cannes drues : pour accepter, pour connaître cette prison, pour éprouver là, seul entre les murailles sifflantes, ce poids de tyrannie. (Mais Mathieu a raison. Il n'a pas besoin d'expédients. Quand il rédige l'histoire du pays, dans son bureau, il touche plus sûrement aux symboles, au sens, à la signification. Et il connaît aussi les réalités, cela est vrai.)

Alors, loin dans la perspective de l'allée prisonnière, Thaël vit grandir un point, une silhouette, une flamme, la jeune fille à la maison de feu. Et ils allaient avec rigueur à la rencontre l'un de l'autre, sans rien qui puisse les séparer : sous la garde des cannes, et dans le ciel plat. Il vit venir vers lui, du fond du délire vert, Valérie. Elle riait déjà, le voyant hésiter ; mais elle marchait au beau milieu du sentier, si bien qu'il ne pourrait ni à droite ni à gauche passer sans l'effleurer au moins. Puis elle s'arrêta : on n'entendait que les cannes, le vent dans leurs feuilles, les pointes sèches qui craquaient sous le soleil. Elle s'arrêta, droite immensément ; et il sut que c'était elle – (Mathieu. Mathieu !) Mais elle riait encore, et sur tout le délire, sur la prison de bruits, sur les flèches des cannes mûres, sur la récolte future et sur le vent chaud, il y avait cette splendeur nouvelle, sans pitié ni faiblesse, brûlante et pure pour eux seuls.

XIX

Beauté de ce chemin ! Soleil, partagé comme le fruit à pain. L'espace étincelait au sortir du sentier, comme si les jeunes gens avaient plongé dans une transparence sans retenue, sans ombres. Les labours rouges chevauchaient les mornes, un char à bœufs grinçait au loin, avançant péniblement dans le miroir de feu. Tout était suspendu, en équilibre dans le jour. Un grand silence, plein de menus éclats, et strié du cri lancinant de ce chariot. Une attente de merveilles ; pourtant la terre rouge oblige à évaluer sans cesse le dur travail qu'elle impose, sans que la pensée de son fruit console ou rassure. Une éclatante beauté dans l'âme, et les labours ânonnent pourtant la même fixe vérité : sueur et faim. Une patience dans le midi farouche, mais les cris des sillons imposent l'aride vœu. L'homme s'exalte peu à peu, et il ne sait si c'est d'amour ou de rage qu'il tremble là. Et en équilibre dans ce midi, bouillant de rumeurs, sentant monter l'appel du fond de lui, Thaël se retenait de parler afin (croyait-il) de ne pas éclater, et il marchait d'un pas si régulier que vraiment il se sentait immobile. Mais Valérie marchait à ses côtés.

Elle ne s'étonnait pas d'une telle réserve : en fait, ils ne s'étaient rien dit, et tout pouvait encore se faire ou se défaire. Elle n'attendait pas qu'il parlât, elle écoutait avec lui le silence (et les bruits). Elle ne connaissait pas la rage, ce paysage lui était familier ; depuis longtemps déjà cette sorte d'amertume et de fixité qui montait du sol avait en elle suscité des audaces (non des folies), des certitudes (et non pas des désirs). Ces femmes acceptent à la surface des choses, elles paraissent consentir, mais leur résistance est la plus sûre. Soumises à l'homme, elles dépassent l'homme par la tranquille certitude qui est en elles, par une douce obstination, parfois muée en criée sauvage. Elles ignorent le tremblement.

A la fin, Thaël et Valérie se quittèrent. Au détour d'un petit bois (il y avait là une légère dépression du sol, et de la boue ; ils se tenaient dans cette boue, pieds nus, sans se soucier), elle lui tendit la main, disant : « Demain, à la même heure ? » C'est ainsi que leur vint cette habitude de se rencontrer dans le sentier entre les cannes ; seuls, et se voyant venir de loin ; et toujours Valérie s'arrêtait la première. Peut-être voulaient-ils (continuant dans la direction d'où arrivait la jeune fille) connaître ensemble ce chemin de solitude, jusqu'à épuiser la solitude, et ensemble bondir dans le monde brillant qui était au bout de la solitude. Et Valérie n'avait pas montré sa maison à Thaël, lequel à vrai dire n'avait rien demandé.

Je vais dans ce chemin lorsque la tristesse est trop ardente. Je me place à l'endroit d'où Thaël vit s'arrêter Valérie. Et, en effet, il me semble la voir peut-être ? Ou peut-être l'ombre que je chéris en moi ? Lorsque je pense à cette histoire (et elle me marque, m'atteint), je me reporte dans ce sentier que j'imagine toujours bordé de cannes, je vois grandir l'ombre qui est en moi, et je lui parle doucement. Je m'interdis avec patience d'aller là-bas après la récolte ; le sentier est alors livré aux deux champs qui le bordent, ce n'est plus qu'un passage entre des labours, je m'y sens nu, livré impuissant aux désespoirs (comme si les cannes étaient nécessaires, par contrecoup, à l'assurance de celui qui les déteste et les combat).

Et il est vrai que je simplifie, ne m'arrêtant pas assez à tous les détours, et il est vrai aussi que tout semble ne pas avancer : mais c'est ainsi. Et pensant à Valérie et à Thaël, je suis le sentier, je traverse le silence éclatant, j'entends toujours (oui, je l'entends) le bruit monotone, insupportable, de ce char ; et je finis par arriver, tremblant, jusqu'à cette boue au coin du bois de campêches. Alors je crie : « Tout cela ne fut pas vain, puisque nous voici debout dans l'assurance et la beauté ! »

Mycéa cependant apprenait la vie monotone des campagnes. Lomé ni sa femme n'avaient demandé les raisons de son étrange arrivée. On avait oublié la mare, les sanglots, le vinaigre sur tout le corps. Lomé travaillait aux champs, sa femme s'occupait du ménage (bientôt, à l'époque de la récolte, elle s'engagerait comme amarreuse), Mycéa gardait les enfants. Elle leur apprenait à lire, avec des bâtons, sur la terre, sur les écorces des arbres, partout. Mais souvent ils s'échappaient, parce qu'un mango était tombé derrière la maison, ou qu'un oiseau pris à la glu piaillait doucement, ou parce qu'ils étaient impatients d'exercer une nouvelle arbalète (fourche de bois poli au couteau, branches d'élastique taillées dans une vieille et providentielle chambre à air). « Et surtout, disait Mycéa, reprenant la plaisanterie traditionnelle, rappelez-vous bien ceci : nos ancêtres ne portaient pas de longues moustaches. » Et ils hurlaient, défilant et tapant : « Nos ancêtres ne portaient pas de longues moustaches ! »

– Écoutez ça, murmurait Désirée.

Et Mycéa riait.

Lomé, la montrant alors, disait à sa femme :

– Cette jeune fille que tu vois là, je ne sais pas, mais elle connaît tout ce qu'un homme peut connaître.

Et se tournant vers Mycéa, il continuait :

– Jeune fille, comment as-tu vécu, pour connaître tout cela ?

Et Mycéa, secouant la tête, décidée à ne pas revenir en arrière, riait encore et disait :

– Lomé, c'est l'heure. Il faut que j'aille donner l'herbe aux lapins.

Et elle partait, laissant là les enfants inquiets (une ombre avait passé, fugitive, mais qu'ils avaient pu surprendre, et ils voulaient savoir).

Alors Désirée regardait son mari.

– Tu veux que je te dise, monsieur Lomé, cette jeune fille est bonne.

– Allons, assez parlé, femme. La misère ne nourrit pas les chiens !

Ainsi attendaient-ils. Rien n'était encore. Mycéa oubliait de la sorte ; Valérie pensait aux montagnes. Les autres ne comptaient pas, le dénouement serait pour eux. Entre Thaël et Mathieu c'était comme une nouvelle complicité : les silences, l'attente, les poings noués pour un assaut sans cesse différé. Pablo chantonnait. Il y avait partout de la grâce. Les yeux étaient sérieux, les voix peut-être altérées par l'espoir.

XX

(Et pensant aux montagnes, Valérie s'inquiétait aussi de l'avenir. De son côté, Alphonse Tigamba courait après Mycéa, sans qu'il osât cependant poser des questions. Ainsi Valérie fut-elle à une *séance* chez papa Longoué, homme maître de la nuit et du temps ; et Alphonse arriva-t-il au même moment derrière la case de Lomé, où il vit enfin Mycéa.

La case de papa Longoué est tout en haut d'un sentier sombre, et Valérie eut peur quand elle dut gravir ce chemin. Mais enfin elle passa, et quand elle fut sur le petit espace de terre battue devant la maison, papa Longoué se leva, disant : « Je t'attendais, tu es venue », ce qui était la phrase par laquelle il accueillait tous ses consultants. Valérie le suivit dans la case, elle s'assit près de la porte, et lui de l'autre côté d'une table faite de caisses mal ajustées.

– Pourquoi viens-tu ?

– Je veux savoir l'avenir.

– Pourquoi veux-tu savoir l'avenir, à ton âge ?

– J'aime un homme, papa Longoué. (Ce qui était une bonne raison, car le vieillard s'inclina doucement.)

Ils restèrent ainsi, sans parler. L'ombre de la case s'épaississait, Valérie ne voyait plus que les yeux fixes de l'homme. Dehors, les bêtes du crépuscule commençaient à bouger.

– Jeune petite fille, dit enfin papa Longoué, il y a d'abord la nuit, c'est chaud, c'est allumé. Il y a deux hommes dans la nuit, ils te regardent. Un de ces hommes crie, ce n'est pas toi qu'il regarde vraiment. Il est triste, comme malade. Il y a ensuite un grand éclair dans une prison longue et étroite, et l'autre homme est avec toi. Celui-là, il est vraiment pour toi. Puissances, puissances, comme ils sont jeunes tous les deux !...

« Il y a ensuite un long chemin, avec de l'eau tout partout, et c'est tout gris, comme si la nuit était déplumée, et l'homme qui est pour toi suit ce chemin avec un autre, je ne vois pas qui, et au bout la mer, une grande lumière encore, et... du danger, oui... Puissances, puissances, que font-ils ?...

« Il y a des jours, pas beaucoup, tout heureux, tout crus, pas de nuit, c'est tout clair, et puis beaucoup de gens qui crient, une fête on dirait, des combats, ce n'est pas grave, des lumières, comme une victoire...

« Il y a ensuite une route qui ramène dans la nuit, mais ce n'est plus la nuit, c'est tout la pureté, tranquille, un flamboyant... Puissances !... Qu'est-ce que je vois ?...

« Jeune fille (crie enfin papa Longoué, haletant), je vois des chiens !... Prends garde aux chiens !... Arrière... Prends garde, jeune fille ! »

« Je ne crois pas à tout cela, pensait Valérie, il n'y a aucun sens là-dedans ! Du danger, quel danger ? Des chiens, quels chiens ? La nuit, la route, papa Longoué est fou. Je ne crois pas à tout cela... »

Elle se leva. Le guérisseur ne voulut pas être payé ; non, c'était par plaisir d'amitié ; ceci inquiéta Valérie. Elle partit, pesant encore les paroles de papa Longoué, cherchant l'erreur, la contradiction. Ainsi, elle ne l'entendit pas murmurer : « Ce qui est dit est dit... Jeune fille, prends garde... »

Et au même moment, Alphonse Tigamba vit que Mycéa semblait heureuse, et il s'en alla.)

XXI

Mais enfin, l'après-midi mourait, se fondant au jardin, avec sa traîne d'ombres où les arbres faisaient des îles d'écume. Enfin la flamme allait s'éteindre, pour susciter un feu plus dru, une brûlure plus certaine. C'était l'heure du recueillement, avant la nuit active. Le vent chaud éclabousse alors. Une tristesse diffuse occupe toutes choses. Loin sur les Pitons, des voiles blancs trouent le bleu du ciel, où toute la mer a baigné.

– C'est la chaleur qui rend nostalgique. Je crains cette heure d'avant la nuit, quand les choses sécrètent leur vie par une reflambée mystérieuse. Écoute. Ne sommes-nous pas seuls ?

– Parle-moi de tes recherches, dit Thaël.

Il ne voulait pas montrer l'avidité qui le prenait lorsqu'il pensait au travail de Mathieu. Et il dit cela comme pour éloigner les mirages ; pour se tenir lucide parmi des choses précises, loin de l'heure nostalgique. Mathieu déclara que nul ne pouvait faire le départ d'entre les rêves, les secrets, et les rigides conquêtes du jour. *Mais la misère partout maîtresse permettait-elle encore de rêver ?*

– Je cherche longtemps, avec patience. Mon domaine est étrange, et si vaste. Je fouille. Mais le plus difficile est de classer les documents, avant d'écrire sur le Registre des Chroniques le texte de cette histoire.

– Dis-le avec des mots plus simples.

– ... Des mots simples ?

– Ta journée de travail.

– Non. C'est la nuit que je crains. Alors le travail est terrible.

– Ta journée. Tu te réveilles, tu te laves...

– Chaque matin nous allions nous baigner dans le canal aux sangsues. Maintenant, nous ne saurions comment nous rencontrer si tôt. Nous avons perdu l'éclat du matin ; il s'en est allé pour toujours.

– Vous êtes fous.

– Chaque matin, nous plongions dans ce bras de la Lézarde ; le courant nous emportait, entre les deux haies d'herbe grasse. Le plan d'eau entre les feuilles coupantes est juste à la mesure d'un corps. On ne peut pas nager, il faut se laisser conduire, nous étions nus. Comprends-tu ? Le jeu était de braver les sangsues qui grouillaient dans l'herbe. Elles craignent l'eau vive, mais elles ne craignent pas l'homme. Chaque matin nous revenions, ayant évité les sangsues et la morsure des plantes.

– Et maintenant ?

– Le domaine est immense. Je m'épuise, frère

– Sois simple ! cria Thaël.

– Bon. Je me lave, je vais au bureau. Confronté alors à ces choses d'hier qui nous ont fait si sûrement, je suis saisi de vertige. L'éclat de l'aube m'enivre, mais nous avons perdu l'éclat !... Il faut remonter si loin, si loin, avant d'entrevoir les premières lumières. L'histoire de notre peuple est à faire (c'est mon travail : je mets à jour les archives de la ville), et ainsi nous nous connaîtrons. Je me découvre parmi tant de papiers, de contes, de cris et de sang ! Car notre histoire n'est pas un lot de faits à l'encan, ni un puits à margelle, un passé coupé de nous (où l'on puise tranquillement). Et quand je dis

86

le premier mot de ce passé, je dis le premier mystère des choses qui en moi palpitent !...

(Ainsi donc, pensa Thaël, il n'est pas serein, calme, précis. La flamme est en lui. C'est bien elle que je vis, c'est bien ce tumulte que j'entendis lorsqu'il me parla pour la première fois. Ce cri. Ainsi donc les graphiques, les preuves, les dates ne lui apportent pas encore cet ordre. L'histoire le prend, comme moi les contes. Il va du flamboyant à l'usine, de l'usine au flamboyant, et il n'a pas trouvé...)

Les ombres palpitantes n'achevaient pas de mourir, elles précipitaient leurs splendeurs (comme une mer qui déhale ses forces, bien avant qu'elle mesure à la terre la ligne précise et mouvante des plages) ; elles criaient leur agonie à grandes lampées rouges ; et Thaël et Mathieu étaient les chauffeurs de ce brasier crépusculaire.

– Et quand je confirme une date, c'est la gloire et le sang, la confiance et l'ardeur que je confirme en moi. Mais non ! nous ne sommes pas un cri...

– Ai-je dit un cri ?

– Nous ne sommes pas seulement une violence, ni une misère, ni un souvenir. Quand nous rêvons, Thaël, qui peut dire si le rêve est futile, s'il n'a pas fermenté dans la misère même, dans l'air épais de la souffrance la plus commune ?... Je suis seul, j'ai perdu mon combat, me voici rejeté parmi les ombres errantes. A toi, Thaël. Tu auras l'acte, tu auras l'amour...

(Je ne te dis rien, Mathieu, je ne te dis rien. Peux-tu savoir, sans que ton âme pleure ?...)

– Et tu auras la décision, et la sagesse... Tu es venu pour décider, oui ; tu raccordes le passé bruissant au présent plein d'amertumes. La joie t'appartient, Thaël. Ne dis rien, je le sais déjà. Mais je demeure, je crie encore cette puissance ! Vous aurez besoin de moi, et de mes brumes. Ah ! nous ferons une seule énorme beauté de tout ce chant d'ignorances, de monotonies. Oui, tout est vague, tout est vague maintenant. Mais voici que nous allons connaître l'acte ! La rivière descend avec une précision nouvelle, c'est la Lézarde, c'est tout fleuve propice, c'est l'eau des criques où un peuple vient s'ébattre. Et ensuite, notre delta ne sera pas sale ! En cela seulement la Lézarde nous a trahis. Mais nous lui ferons des digues, des canaux (nous apprendrons les techniques) ! Et un jour la Lézarde sera claire devant la mer. Comme un peuple assuré vient au-devant des autres peuples...

– En somme, vous êtes un poète, conclut Thaël.

Une fois encore, ils riaient avec douceur. « Tu le feras, n'est-ce pas, tu le feras, Thaël ? » C'était le couchant, sombre et rouge, comme un enfer qui hésite à s'ouvrir. C'était enfin la nuit, la sueur et le tremblement. Ici un homme allait mourir.

II

L'ACTE

> « *Rompez, rompez tous les chemins qui mènent au crime.* »
>
> Saint-Just.

I

Alors Thaël remonte aux sources de la rivière, dans cette région qui lui était familière quand il n'avait pas encore connu la ville plate. Il retrouve les à-pics où l'œil exercé devine la fondrière, les touffes compactes avec le vide qui par-dessous guette, les couleurs ici plus continûment sombres, où soudain crie la fleur rouge du balisier. Ce bruit ininterrompu du sous-bois, ce ruissellement d'oiseaux, de feuilles, de vent lourd qui, à la fin, recouvre toutes choses d'une nappe d'immobile ferveur. Et on n'ose plus parler, ni bouger qu'avec précaution, on découvre en chaque coin du ciel un reflet d'eau (oui, ne dirait-on pas que le ciel reflète cette vie ?), on s'arrête, et on médite longuement devant la peau d'argent brisé (écaille somptueuse où dort le soleil) que vient d'abandonner un serpent en sa mue. On guette le reptile, car il est alors féroce. Et on s'éblouit d'une telle lumière, et qui gaina un tel corps : celui qui voit cela sait déjà qu'il en sera occupé toute sa vie. On devine derrière les arbres quelques moutons sauvages, descendants séculaires de l'élevage le plus tranquille, qui ont appris ici le guet, l'élan, la course. Thaël regrette ses chiens, dressés à cerner une bête, à lui sauter à la gorge, à l'immobiliser sous leurs crocs. Il se sent à la bouche le goût de viande braisée. Il respire le parfum des girofles, du thym, ses yeux brillent

91

sous la morsure du piment. Il avance dans ce festin (non pas imaginaire, mais pressé de toutes les séductions de l'entour, environné de ce bien-être de la forêt : un festin sans limites à l'intérieur chaleureux du bois), et il mesure sa faim à l'éclat d'un vertige entre deux régions d'ombre, au poids soudain du soleil lorsque quittant le feuillage il traverse une clairière (corps violent de la forêt), et il titube avec volupté, se rattrapant aux souches, enfonçant dans les troncs pourris où fourmillent les poux de bois, tellement serrés qu'ils semblent un seul corps de pourriture sèche, ou au contraire fracassant un amas de bois flot, d'où s'élève un léger parfum de poussière et d'ardeur. Et par-dessus ce parfum, soudain il respire l'odeur des fours à charbon. Le bois y calcine durant des jours et des jours sous son revêtement de terres et de brindilles, oublié des charbonniers – mais ils reviendront cueillir leur sombre récolte. La saveur desséchée de la sève, l'arôme de l'arbre qui meurt. Abandonnés à leur lente combustion les fours sont les personnages secrets de la forêt ; ils fument doucement et ainsi parés du mystère des ombres, ils sont des fantômes solennels ; et d'autres fours, déjà vidés de leurs entrailles, sont tristes comme les ruines incendiées d'un monument, le ventre noir et interdit d'une stèle qu'on a brisée. Thaël salue les fours exploités, rendus à l'épaisseur de l'existence par l'opération même qui les a frustrés de leur substance, et qui a fait de ces grands fantômes de fumerolles autant de sépulcres violés. L'odeur de bois brûlé se mêle à l'odeur de bois mort, et Thaël enivré roule de branche en branche, s'arrache aux lianes tenaces, chavire. Alors il découvre un coin de pommes-noix (le fruit pour son jus âcre, la noix pour sa saveur et sa force), et il oublie son festin de viandes, voilà que toutes les feuilles, toutes les plantes, toute la végétation lui paraissent amicales.

Le soleil est fruité, les arbres ruissellent, les ombres sont claires et douces. Il repart gavé de fruits, les lèvres brûlantes (l'écorce de la noix crispe et raidit la bouche), mais le cœur plein de suavités, et un goût de verdeur dans tout le corps, une autre ivresse, une autre douceur. Et il continue sa marche longtemps, « *j'ai tellement marché que j'ai chémar et que mes talons sont venus par-devant* », car il remonte par des chemins obscurs vers la source de la rivière, où est l'homme dont la destinée a rencontré la sienne ; l'homme qu'il va tuer, qu'il doit chercher si longuement, en remontant vers cette source : comme si la rivière lui imposait de connaître ce commencement, ce doux jaillir qui prendra force et engendrera la fécondité, avant qu'il accomplisse l'acte. Mais il croit qu'il ne verra pas cette source. Il n'a pas le temps de requérir la Présence : l'œuvre précise l'appelle. Il va dépister la bête, alors une inquiétude ardente le tenaille. Parmi les ombres et les splendeurs de la forêt, Thaël d'abord pense à la ville. Il s'écarte brusquement de son chemin (cette ville a un charme, dit-il) et reprenant aussitôt il repart, confusément certain qu'il découvrira plus tard le secret ; allons, il faut maintenant travailler sur Garin. Garin, le renégat. (Un homme qui a grandi loin de toute sollicitude ; garçon, puis chauffeur chez un grand planteur, et bientôt homme à tout faire : il a tué pour de l'argent... Il avait quitté le pays quand les menaces contre lui s'étaient précisées. Il est revenu en vainqueur, chargé d'une mission officielle !) Cet homme fruste commande, pressure, fait payer à tous le prix de sa peur passée. Plus dangereux que le serpent qui vient de muer... Thaël s'étend dans une chapelle d'ombre et de bruissement ; il a le temps. Il soupire, et la pensée de Valérie ne le quitte pas. Sous les ivresses, les prévisions, l'inquiétude, elle est présente. Elle comprendra, se dit-il, elle est assez forte pour m'aimer malgré cela, ou à cause de cela. Non, pas à cause du sang ; qu'elle m'aime comme avant, que rien ne bouge ! Alors les tourments le reprennent. Parce qu'il n'est pas aussi prêt qu'il le croit à plonger un couteau dans la poitrine d'un homme. Je l'attaquerai, dit Thaël, il se défendra. Il a sa chance. Valérie, je ne mourrai pas. Je l'aurai, le chien. Face à face, comme un homme d'honneur. Et il s'exalte, à l'ombre des fougères. Et il ressent le bouillonnement de la forêt, l'inextricable fouillis de sève, de nuit, d'éclairs, qui sur la montagne se perpétue. Il est comme une branche de l'arbre universel qui a proliféré là, il ne tranche plus sur la force informe. Tant que je n'aurai pas fait la chose, pense-t-il. Tant que je n'aurai pas planté le couteau, pense-t-il ; et l'odeur du sang vient se mêler à l'odeur du festin, et le parfum du sacrifice au parfum du bois mort et du bois qui brûle. C'est un seul indistinct relent, associé encore au souvenir de Valérie. La nuit est là, elle a déjà envahi le ciel ; il reste dans le sous-bois des lambeaux de clarté, paresseux à mourir, qui s'attardent sur les herbes : le vent les emporte. Doucement Thaël s'endort, la nuit le berce, et toutes les odeurs ont reflué derrière cette frontière du néant ; mais la forêt remue en lui, il se dresse d'un coup, hurlant des mots de peur et de haine. Alors il comprend que la puissance des ombres est sur lui ; oui, voici les insectes parer la nuit de leurs fragiles fluorescences (c'est comme une ville qui s'allume et s'éteint de partout). Il guette un rampement près de là, il sait pourtant qu'il n'a rien à craindre. Tant que ma volonté ne sera pas distincte de l'amas, dit-il. Et comme s'il comprend que Mycéa aussi a connu ce labeur fixe de la nuit, c'est à elle qu'il pense. C'est comme elle qu'il progresse. Pourtant il n'a rien à oublier, au contraire. Il se jette en avant, bouscule et brise toute la vie sombre, puis il s'abat dans un autre recoin : il devine les profondeurs denses qui trouent l'obscurité d'alentour. Il n'a rien à oublier, mais il s'épuise de bonds en bonds. Il saute un jeune plant. Il file à travers une clairière. Il dévale une pente. Pour finir il dort sur le sol, parmi les étoiles proches. Quand le premier craquement le surprend, ainsi livré aux puissances, c'est déjà six heures. La clarté du matin a fait place au rayonnement soutenu du soleil. Les raidissements disparaissent, Thaël bénit le jour. Il voit qu'il a dormi tout près d'un champ de ronces, quelle chance ! Il écarte des branchages, ne dirait-on pas qu'il entend un murmure, un doux chanter d'eau pure ? Une source ? Il avance, dans l'espérance de ce chant ; il déchire des feuilles, des transparences, des beautés. Alors il aperçoit la maison. Lourde, volets fermés : c'est la maison de Garin. Thaël oublie la source.

Cette maison le fascine. Il ne sait pourquoi, mais elle lui paraît monstrueuse. Elle est pourtant commune, renfermée sur elle-même : muette. Thaël rôde tout le jour autour d'elle. Dans la matinée il explore les arrières de la bâtisse : quatre portes-fenêtres montant jusqu'au toit, pas de véranda. Des bananiers occupent tout le champ, ils sont chargés de régimes. Je ne mourrai pas de faim. Thaël aménage un lit de feuilles sèches pour la nuit future. Maintenant il est tranquille, méthodique. Il traverse le champ et tente d'ouvrir les lourds volets. Aucun d'eux ne cède, et Thaël fait le tour. Sur le flanc droit un amas de terre atteint jusqu'à la fenêtre d'en haut, si bien que l'on peut de plain-pied pénétrer à l'étage du dessus (« bizarre, cette maison à deux étages »), et il semble qu'à cet endroit le rez-de-chaussée est sacrifié.

La fenêtre s'ouvre doucement, et Thaël la referme : il entrera par ici, mais il faut d'abord faire le tour. La façade principale est plus reluisante : la peinture est vive, les murs soignés. La pluie et le vent viennent du nord, pense Thaël ; c'est l'autre face qui protège vraiment la maison... Alors il remarque la chose. La porte est surélevée, elle repose sur un dallage de marbre : sous le marbre passe un filet d'eau qui traverse le jardin et s'échappe derrière un champ de calebassiers. Rien de particulier sur le quatrième côté (c'est la réplique de la face est, sans l'amas de terre), et Thaël retourne vers le ruisseau extraordinaire, il entend à nouveau le bruit de source : cela provient de l'intérieur de la maison ! Plein d'une exaltation sombre, il gravit le talus, pénètre dans une chambre vide, poussiéreuse, où un écho en quelque sorte humide fait vibrer le bruit des pas. Thaël avance doucement et il fait bien : derrière la porte de cette resserre il n'y a qu'un pas-courant, une étroite bande de marbre dominant la grande salle. Il n'y a pas de rampe, Thaël suit le dallage (se serrant contre le mur, sans oser regarder, et il sent l'humidité de la pierre coller à sa peau, et des toiles d'araignées le couvrent) jusqu'à ce qu'il rencontre une pente sans marches qui glisse vers le sol. Dans la luminosité sombre Thaël avance pas après pas. Il descend lentement vers le bruit de l'eau, vers la fraîcheur ; et à peine voit-il le fond de cette sorte de puits. En bas, il sent autour de lui l'immense salle (cernée d'une galerie qui supporte les chambres du haut) et voit qu'au centre elle atteint le toit. La galerie est cloisonnée du côté est : il y a là une réserve ; des trois autres côtés elle s'ouvre, faisant des niches meublées de tables et de bancs, de berceuses, de canapés, pour le repos ou pour le manger. Le centre de la pièce est vide ; immensément vide ; plus que la plage dans la nuit quand aucune ombre ne passe. Vide et inerte. Jusqu'à ce que Thaël, suivant le bruit, arrive au plein milieu d'où sourd un ruisseau : la source. L'origine emprisonnée de la Lézarde, gardée par les murs épais, entourée de dallages de marbre, comme une idole accablée d'atours. De l'intérieur le murmure de la source est moins perceptible. On dirait qu'elle ose à peine surgir là. Et la maison est comme une île, avec sa mer en son mitan, l'eau glacée qui combat victorieusement la chaleur du jour, avant qu'elle aille loin d'ici se soumettre au soleil souverain. Ainsi, pense Thaël, il est vrai que je connais la source en même temps que je trouve l'homme. Et elle naît, et il vit, dans cette obscurité orgueilleuse. Il boit à cette source, il y met ses bouteilles à fraîchir. Tout commence ici. Cette religieuse attente près de l'autel ruisselant. Ne soyons pas romantiques, quittons ces pensées, sortons d'ici. Oublions ces légendes d'un autre âge, tout a croulé dans les siècles, un autre travail me requiert.

Mais quoi qu'il dise, Thaël est pris au charme sombre de la Maison de la Source.

II

Il veille, acharné. Il est debout parmi les bananiers, face à la maison. Tard dans la soirée il voit s'allumer une lampe ; les volets du bas sont ouverts. Thaël grimpe au talus, traverse la resserre, s'accroupit sur la bande de marbre ; il est invisible dans la profondeur. Il voit en bas, dans la niche opposée, et séparés de lui par toute l'épaisseur de la nuit, deux hommes : leurs voix résonnent calmement. L'un est assis, imposant, familier et servile, arrogant et humble à la fois. L'autre se déplace, petit et maigre, comme transparent lorsqu'il passe devant la lampe à pétrole. On devine qu'il ne daigne pas s'asseoir, et son cheval attend devant la porte.

– Voyons, Garin, vous êtes un personnage maintenant. Vous pouvez ce que vous voulez.

– Ce que je veux, monsieur.

– Rien n'est plus simple. Tous les planteurs qui ont des terres en bordure de la rivière. Ils sont une vingtaine.

– C'est que ce sera difficile, monsieur.

– Ne plaisantez pas, Garin. Un décret suffira. Cent mètres en profondeur sur chaque rive appartiennent au gouvernement. C'est ça, le décret.

– Oui, monsieur ?

– Ensuite les terres publiques sont mises aux en-
chères.

– Et s'ils s'associent, monsieur ?

– Pour acheter ? Là c'est mon affaire. L'essentiel est
que ces terres soient réquisitionnées. La plupart d'entre
eux ont construit leurs routes le long de la rivière. Des
routes qui m'appartiendront, Garin. Il faudra bien
ensuite qu'ils écoutent mes conditions.

– C'est que j'avais d'autres projets.

– Vous savez bien que vous le ferez, mon ami.

– Ne me menacez pas, monsieur. Je suis quelque
chose, maintenant. De toute manière je n'ai pas peur
de vous.

Le petit homme s'arrête, intrigué par la force soudaine qui lui est opposée. Il pèse le pour et le contre,
puis il rit.

– Vous avez bien manœuvré, hein, Garin ?

Garin déplace négligemment la lampe.

– Pas trop mal, monsieur. Je représente la loi. Et vous
ne pouvez pas m'accuser sans vous accuser, vous.

– Mais vous le ferez, n'est-ce pas ?

– Oh ! ce n'est pas pour vous rendre service. C'est
fini, ce temps-là. Mais l'idée me plaît... A une condition.

– Oui ?

Le petit homme est à la merci de son ancien chauffeur.

– J'irai voir. Je descendrai la rivière jusqu'à la mer.
Je suis libre de libérer une terre, de réquisitionner une
autre.

– Des amis ?

– Peut-être. Mais vous y trouverez votre compte, tout
de même. Je ne peux pas faire davantage.

Le petit homme soupire. Rien à dire. Ce lourd colosse
est têtu, il a appris (à sa manière) la liberté.

– C'est pour cela que j'ai acheté la maison.

– Pourquoi, Garin ?

– Pour la liberté, monsieur. Pour commander toute la rivière.

L'autre regarde autour de lui (il ne peut pas ne pas me voir, pense Thaël) ; mais l'homme plonge un regard aveugle dans la sombre grandeur, et il ne comprend pas. Sa maison est claire, tenue, bien sûr il n'a aucun rapport avec son chauffeur, mais quand même. Peut-on habiter cette cage d'humidité ? « Drôle de bonhomme. » Garin ne bouge pas, il rumine sa puissance. L'autre dit : « Bon », hésite, puis s'en va d'un coup.

– C'est d'accord, Garin.

– Bonsoir, monsieur. Je suivrai la rivière jusqu'à la mer. Je vous verrai dans trois jours.

Il décide. Il n'accompagne pas le visiteur : dans ce pays de politesse, c'est un signe. Il reste là, massif, insolite, il ne bouge pas. On entend le cheval lancé au trot sur la pente de boue sèche. Puis rien. Si, la source. Un silence en quelque sorte. L'éternité... Et quand la lampe commence à faiblir, que ses rayons n'atteignent même plus les frontières de la splendide noirceur centrale, l'homme se dresse, si vite que Thaël sursaute. Et l'homme alors se dirige vers la source, et il y met ses deux pieds, là, sans un frisson. « Tous, tous », murmure-t-il. Il reste longtemps encore, regardant l'eau chasser sur le cuir des bottes. Il est planté dans la source : un arbre qui tente d'usurper toute la fécondité de la Lézarde, ou au moins de salir quelque chose, la rivière, les champs, les hommes. Puis il soupire, et se détournant, tombe tout habillé dans l'ombre. Sur un canapé ? s'interroge le guetteur. Dort-il ? La lampe s'éteint doucement. Il ne reste que le bruit de la source, qui va grandissant dans la nuit. Thaël n'ose pas repartir, il s'étend sur la passerelle de marbre. Il passe ainsi la deuxième nuit (ou la dernière, soupire-t-il) à veiller, comme un initié qui se prépare pour les cérémonies. Le froid l'engourdit, sa tête vacille, il a une envie folle de plonger dans le noir, vers le large sol et la source bruissante. Mais il veille sans défaillir. La Maison de la Source, pense-t-il sans fin. Il sonde la nuit, essayant de deviner les clartés. Il s'épuise à attendre bien plus encore qu'à se maintenir. Il voit la forêt touffue, les herbes de Guinée, il voit son lit de feuilles dans le champ de bananes. Et lorsque le jour filtre sous la porte d'entrée, illuminant faiblement le ruisseau (la lumière semblant porter l'eau), Thaël pour la seconde fois bénit le jour.

III

Ainsi commence la course au long de la Lézarde. Ils quittent pour toujours la fabuleuse fraîcheur de la Maison, ils s'éblouissent de soleil crépitant, ils descendent, l'un suivant l'autre, et reliés par un fil invisible, à travers les calebassiers aux fruits charnus (si charnus qu'il ne semble pas qu'on en puisse faire ces récipients gris, secs, monotones que sont les couis), et toujours serpentant suivant les caprices de l'eau, et jurant à grosse voix (du moins Garin, car Thaël est prudent, il ne sait pas que l'officier l'a repéré ; c'est avec précaution qu'il se dépêtre des bambous secs, qu'il saute de roche en roche, qu'il contourne un îlot d'herbe boueuse, ou traverse le ruisseau qui est déjà presque rivière) ; et les embûches du chemin sont trop tenaces (si bien que la nature paraît s'opposer à cette marche vers la mort immense) ; et soufflant fortement, et suant toute la vie du soleil, ils tournent sans espoir, dans la complicité narquoise du flot. Garin observe attentivement les rives. Il consulte un carnet, y notant aussi des relevés de terrain. Garin ne veut pas voir les profondeurs basses des cacaoyers, silencieux sur leurs tapis de feuilles pourries ; les carrés de patates douces, les mornes frémissants, et à mesure que l'on prend vers le sud, quittant la montagne, les champs de cannes de plus en plus serrés. Garin ne succombe pas, il a vu du pays là-bas, les choses sont des choses. Sa seule passion est de faire rendre gorge.

– Ils ne me ressemblent pas, ho ? On verra qui est le vendu !

L'idée a plu à Thaël. Descendre la rivière jusqu'au delta... Il pense qu'il aura la force de suivre Garin. « Je ne sais combien de kilomètres en deux jours. La nuit prochaine, il fera chaud ! Veiller, dormir. Je me demande ce qu'il prépare. » Mais Garin ne voit pas la splendeur, Garin est pour l'instant une intelligence forcenée. Il n'a jamais travaillé la terre, mais il devine, il connaît, il désigne avec la sûreté ardente qui lui vient de sa haine, les pièces les plus fécondes, les champs d'avenir. Il en veut à un pays qu'il a perdu.

– Peut-être qu'il se marque des terres ? Il veut acheter, devenir propriétaire. Monsieur Garin, plantation *La Source*. Monsieur Garin, plantation *Le Début des Eaux*. Monsieur Garin, plantation *L'Étoile qui coule*.

– La terre, la terre, je n'en veux pas. Qu'elle crève. J'empêcherai de vendre tout ce qui est plantable, le reste sera passant !

– Et il a acheté La Source. Comment acheter toute cette énorme maison ? Cinq ans de travail. Dix ans ? Cent ans ? Et tout au long durant elle ne me quittera pas, cette maison. Nous l'habiterons ! Je ne pourrais pas vivre.

– Attend, l'ami. Les fourmis vont te mordre au talon.

– Va, va.

(Ils dialoguent de loin, obscurément.)

– Essaie de courir un peu.

– Tu ne peux pas aller doucement, ho ?

– Seigneur, ce n'est plus de mon âge, c'est la vérité vraie.

– Il m'a vu. Il sait que je connais ses marques. Je ne peux plus reculer. Courir.

– Bon. J'arrête. Mais que veut-il ? Que veux-tu, hé, macaque ?

– Tu sais que je suis là. Tu as beau te toiletter à grande eau, comme si tu étais seul avec les arbres.

– A la fin des fins elle n'est pas mal cette terre. Pour un autre homme que moi c'est le paradis-paradis. Quand j'ai passé mon certificat (maman ! moi tout seul parmi ces enfants) je crois que j'ai eu un devoir comme ça. Décrivez le paysage de votre enfance. Ignames, acajou. L'acajou, c'est solide. Voilà mon enfance. Je l'ai mis, ça.

– ... Pour me faire peur que tu uses cette pierre avec ta main ?

– Tu cailles, compère ?

Ils patientent ; ils se défient ; pourtant ils ne se voient qu'à peine : un éclat d'eau, une branche cassée, des bottes dans la boue, la tache noire du visage de Garin. La terre, et l'étincelle du jour, et l'eau narquoise, les unissent.

– Oho ! ce soleil, quand j'ai quitté la nuit de La Source. La terre était chaude, oui !

Alors ils tirent chacun sur l'invisible, sur le fil. Thaël dit : « Autant descendre avec lui, ce sera plus facile », Garin marmonne : « Ce bois sec, voyons ce qu'il espère » – mais c'est que l'un et l'autre faiblissent dans l'insupportable silence qui a recouvert toutes choses, les a emprisonnés, les vouant à l'attente et au désarroi : depuis qu'ils ont fait leurs premiers pas dans l'eau courante. Garin est atteint (inquiété, dompté) par cette espérance de Thaël, par le vœu même qui doit s'accomplir dans sa mort à lui, Garin. Mais il ne le sait pas.

– Cette maison est comme la montagne... J'y emmènerai mes chiens !

– Viens. Viens, je t'attends.

– C'est bon. J'y vais !

104

Ils se rencontrent ainsi au milieu de la rivière. L'eau court entre eux. Thaël scrute le visage de celui qui a trahi. Cette impression d'une masse, d'un insolite poids.

– Tu veux te battre, mon fils ?

– Non. Descendre jusqu'à la mer.

– Et qui dit que je vais à la mer ?

– Avec toi, oui. Et là, je t'avertis, j'essaierai de te tuer.

L'eau court entre eux. Garin lève la jambe, avec lenteur. Il trace une ligne sur une roche, entre Thaël et lui. Le cuir de ses bottes crisse ; et c'est un ruban d'eau grise sur la sécheresse de la pierre brûlée.

– Pose seulement ton pied dessus, si tu as du courage.

Thaël monte sur la roche. Garin réfléchit.

– Ça va. Jusqu'au delta.

Ils repartent, soulagés. En vérité ils ne pouvaient pas faire autrement. C'est le grand midi des collines, la chaleur monte de la plaine, les feuilles scintillent. Il fait bon boire à même la Lézarde. « Que font les autres ? Je suis libre.... jusqu'à la mer... »

IV

Or Mycéa, fatiguée par le dur travail des campagnes, s'éloigne quelquefois, sans savoir. Elle voit de loin la Lézarde, ses reflets jaunes, sa paresse. La jeune fille douce monte sur une hauteur, près de la case, et elle contemple la rivière, pensant aussi à la mer qui attend et qui toujours gagne. Mycéa est tranquille, se souvient à peine. Odeur fragile du sable et des raisiniers. Elle voit Thaël, assis dans la chaleur. « Il faut qu'il aille, c'est le seul. Je n'aurais pas dû partir ainsi. Vraiment. Quelle importance ? Thaël ira. Nul n'a besoin de moi. Désirée a besoin de moi. » Elle pleure doucement. Elle crie : « Mensonges. Mensonges ! Je n'aurais pas dû partir. » Mais alors elle redescend en courant vers les enfants. La vie terrible et monotone. Quelquefois Lomé déclare : « Ce soir nous irons à la veillée, un tel est décédé. » On entend alors le lambi sur les mornes. Trois coups, c'est un homme : trois appels graves pour l'âme du voisin. « Il buvait sec, dit Lomé, nous l'honorerons cette nuit. Vérité de dieu, c'était un homme. » Mycéa se plaît aux veillées : familières, cocasses, terrifiantes. Elle ne redoute pas d'entrer dans la case, de se signer devant le défunt (incroyante, mais superstitieuse), de l'asperger en croix, puis de venir s'asseoir dans le cercle sous les flambeaux, riant et criant au gré du conteur Elle prend parti pour les héros innombrables de la forêt, elle craint les sorciers toujours ressuscités, elle tremble lorsque s'élance un chien plus gros que la montagne.

« Deux hommes se détestaient ; plus que le sel déteste l'eau, plus que Mangouste déteste Serpent, plus qu'un homme déteste avoir soif. L'un d'eux voulait tuer l'autre. Oui. Il voulait l'envoyer rejoindre les anges qui pleurent dans le ciel – à moins que ce soit en enfer pour jouer au serbi avec Belzébuth. Certain que compère Zéphire, un homme si vaillant, si doux, si gentil, qui est mort présentement ce matin, est au paradis du Seigneur. Est-ce qu'il est au paradis ? Oui, il est au paradis du Seigneur. Compère Zéphire, intercédez pour nous. Car nous sommes là ce soir pour chanter tes vertus. Et voilà que ces deux hommes se rencontrent, et l'un veut tuer l'autre. Mais la mort c'est un arc-en-ciel dans l'orage et celui qui monte sur l'arc-en-ciel arrive au pays du rhum éternel. Et l'un dit à l'autre : tu es mauvais, je vais te tuer, mais continuons la rivière, je veux que tu partes avec la mer, dans l'œil de la mer, et ta peau sera salée et le gardien du Pays refusera de te laisser entrer ; car ta peau ne sera pas pure et tes yeux seront brûlés. Et l'autre dit : tu n'as pas peur de moi, allons. Comme ça, ils descendirent la rivière, vers la mer sans fin. Qu'est-ce qui est plus immense que la mer ? – Le ciel au-dessus de la mer... »

Les flambeaux de bambou dessinent leurs fleurs sur la parole du conteur. L'assistance s'est confondue avec les ombres de la nuit, et c'est la nuit (non pas les hommes ni les femmes sans souffle ni les enfants terrifiés), c'est le cercle de la nuit qui semble écouter l'homme des paroles. On est au moment où tout paraît indissoluble. Le vent s'est tu, comme pour saluer à son tour les mots lancés vers lui. Mycéa voit la mer, qui est sans fin ni pitié... C'est l'instant que choisit monsieur Sceptique. Il a attendu jusque-là, il interrompt l'histoire. Son visage émerge de l'ombre, il avance dans le cercle attentif, il rit.

« Voyons, est-ce possible ? On nous donne de l'eau de chaux pour du lait. Je veux aller au Congo, mais qu'on ne m'envoie pas dans la lune. Depuis le marquis d'Antin nous n'avons pas entendu pareil conte. Regardez ! Le monde se massacre, il n'y a partout dans l'univers que les larmes et le sang, la peau d'un homme ne vaut pas un œuf. Mais si vous mettez un homme en présence d'un autre qu'il veut tuer, ils suivent une rivière tout ensemble ! Compère Zéphire, vous qui êtes parti sans retour, pardonnez à un homme qui dénature votre veillée en racontant des histoires sans foi ni loi. Compère Zéphire, pardonnez aux vivants, ne venez pas les tourmenter même s'ils vous ont insulté. Vous êtes mort de votre mort naturelle et sainte, vous n'avez pas d'ennemi. Mais regardez de là-haut. Qu'est-ce que c'est, ho ! d'aller droit vers son ennemi ? C'est de l'enfantillage ! Qui a vu ça ? Qui ?... Et quantre même, s'écrie précieusement monsieur Sceptique, les choses de la guerre sont plus sérieuses. Il ne faut pas confondre coco et abricot... » Et ainsi de suite...

Le conteur s'excuse : il n'est pas responsable.

L'histoire est connue, qu'on aille débattre avec ceux qui ont vu le pays dans ce temps-là. C'était de la folie, mais quelle folie ! L'histoire dit que c'est de cette sorte de folie que nous est venue notre présence d'esprit. Oui, monsieur Sceptique ne serait pas là à découper ses mots (et encore en profitant de l'âme d'un mort, oui, oui !) si de tels mystères n'avaient pas fleuri sous le soleil. N'est-ce pas ?...

Bien sûr, en d'autres temps il y a d'autres manières. Il y a combien de manières d'arracher une mauvaise herbe ? L'important c'est que la terre soit grasse et belle. Une histoire vaut par ce qu'elle apprend, et par ce qu'elle fait connaître, les pays, les autres choses différemment arrangées, et puis la couleur de la terre natale, ho...

Mycéa crie : c'est vrai !

L'assemblée répond : oui, oui, vrai de vrai...

(Et la voix est alors une grande acceptation, et le conteur est un flambeau de mots que la foule va rallumer, et la nuit est claire.)

Mais ceci n'est pas un conte. Car un homme peut toujours et partout sacrifier sa vie ou la risquer ; mais il n'y a nulle part ailleurs pour un homme une couleur comme celle-là sur toute la terre autour de lui répandue ; et tout homme est créé pour dire la vérité de sa terre, et il en est pour la dire avec des mots, il en est pour la dire avec du sang, et d'autres dans la vraie grandeur (qui est de vivre avec la terre, patiemment, et de la conquérir comme une amante) ; et si un homme raconte un peu de sa terre (s'il essaie, et peut-être va-t-il tomber contre un haut mur flamboyant où toute parole se consume ?), on ne peut pas dire que c'est là un conte, non, même si cet homme parle de rêves imprécis qui, peu à peu, s'arrangent avec le réel sombre ; tout de même que si un homme dit qu'il a vu des récoltes fleurir dans le sol, on ne peut dire que c'est un conte : pour la raison que la terre parle à chacun, comme un oreiller à l'oreille qui est dessus ; et si un homme dit qu'il a vu ceci ou cela, nul ne peut le contredire, à la condition que ceci ou cela soit dans la terre, enfoncé au plus profond de son entraille, comme un rêve qui est le miroir du fond de la terre, un rêve avec des racines en vrille dans la terre, et non pas un rêve en fumée, même pas né de la torche du dernier flambeau.

Et l'enfant que j'étais et l'homme que je suis ont ceci en commun : de confondre le conte et l'histoire ; c'est parce que les flambeaux n'ont pas encore fini de brûler, que le cercle de la nuit est encore là, autour de la voix ! Mais déjà des lueurs ont paru sur les Pitons, et il semble qu'un autre matin donnera poids au rêve, saluera la terre noire, profonde, connue ! Et ainsi les œuvres seront réconciliées...

V

Nœud des chemins, parcourant le pays, liant le passé à l'avenir, et l'homme à la femme qu'il a nommée dans son cœur, et la rivière à la mer ! Chemins obscurs, fragiles, dont l'usage sera bientôt perdu, dont l'existence aura tari à ce point qu'on ne soupçonnera pas qu'ils aient pu être. Chemins invisibles que quitte l'homme quand il entre dans l'âge de ses vraies raisons, et qu'il partage le fruit de sa terre, et qu'il mesure l'univers autour de lui. Tous ces chemins rattrapent la même impatience, la somment d'éteindre son brasier, jusqu'au moment de l'aboutissement. Thaël, Mathieu, Garin : œuvres en marche ; non pas hommes seulement, mais destins poussés à l'extrême du pays et tenus en exemple. Leurs pas tissent la toile dont la terre se vêtira : mais nul ne le sait. Et ils ne le savent pas ; sinon comment pourraient-ils vivre ? On ne vit pas comme un modèle. Ni comme un destin !... Mais ils marquent cependant ce dernier jour ; et peut-être vont-ils s'effacer, lorsque l'éclat aura enfin dénoué l'épaisseur des chemins de la nuit ?

Ainsi Mathieu rencontre Valérie. Le jeune homme revient vers la ville, et il ne pense vraiment pas à la Vallée. Voici qu'il prend soudain conscience d'une présence là tout près. Un brasier en lui. C'est un de ces hasards qui forcent à croire au destin, à la fatalité, à toutes ces sottises. Mathieu rit avec effort.

– Je sais que c'est toi, Valérie. Sors. Viens, je ne te ferai pas de mal !

– Tu ne peux pas. Alors.

Elle vient, attentive. Elle est sortie d'un écran de feuillages, comme d'une eau doucement chaude. Elle tâte du pied.

– Je peux te faire souffrir.

– Non. Écoute-moi ! Cela ne pouvait s'arranger autrement.

– Comme ça, tu l'as vu ?

– Oui.

– Tu sais de qui je parle ?

– Oui.

– Et je ne peux rien faire ?

– Non, tu ne peux pas.

– C'est mon meilleur ami. Il m'écoute, il me croit.

– Où est-il, Mathieu ?

– Carrément, je ne peux pas le dire.

– Es-tu mauvais à ce point ?

– Peut-être, peut-être. Je ne peux pas dire. Il reviendra. N'aie crainte, il est fort. C'est comme un coutelas de feu. Je suis son frère. Je veux lui ressembler, comprends-tu ? Il reviendra. Il ne s'égare jamais, il va droit comme sillon. Et pourtant, oui, pourtant il m'écoute. Il croit que je sais quelque chose. Je ne sais rien.

– Non. Il est doux, Mathieu, doux comme un caté-chisme. Parfois je me dis « silence, il ne faut pas le brusquer ». Il regarde au loin, je ne vois pas ce qu'il regarde.

Mathieu crie.

– Assez. On dirait que tu portes le toit de la maison !

– Je ne veux pas qu'il soit fort, coutelas de feu, droit comme sillon !

– Tais-toi ! Je le hais, c'est terrible. Mais il est le plus solide !...

– Non. C'est parce qu'il vous comprend tout de suite. Il ne fait pas d'effort.

Derrière Valérie il y a la plaine, et le visage de la jeune femme a fondu dans la profondeur verte. Mathieu regarde au loin, mais c'est Valérie qu'il voit encore. L'horizon est vide.

– Tu l'as vu. J'ai espéré jusqu'à ce moment. Et tu l'as vu tel qu'il est, oui. C'est sa façon de ne pas paraître. Sais-tu qu'il se baigne avec nous, il ne se cache pas, il s'en moque. Et personne ne le remarque. Nul ne le voit. Un fantôme. Un fantôme avec des flammes.

– Faut-il qu'on ne le voie pas ?

– Il le faut, il le faut.

– J'ai peur, Mathieu !

– Moi aussi, ma fille...

Elle a un accès farouche. Tous des sots ! Qui jouent aux affaires sérieuses. Et lui, Mathieu, le grand manitou des sots. La mouche du matin s'inquiète-t-elle du soir ? *(Et de quoi une mouche peut-elle bien s'inquiéter ? Qui le sait ?)* Non, elle vit son temps, et puisqu'elle a des ailes bleues, elle vole de fumier en fumier. Qu'est-ce qu'un fumier pour une mouche, dis, sinon son plaisir et son jardin ? Avons-nous des ailes ? Existe-t-il un matin, pour qu'on puisse s'inquiéter du soir ?

– Nous avons perdu le matin... Nous cherchons encore, nous sommes enragés de patience !... Je t'aime, Valérie.

– Mensonge, crie-t-elle. Si je te disais où est Mycéa, tu courrais la rejoindre. Heureusement !

– Où est-elle ?

– Malin. Malin-mouton ! Demande-le à ton ami de la police. Il a su la trouver, lui.

– Où est-elle ?

– Elle est chez Lomé, un homme qui vous vaut tous ! C'est à l'ouest, après le grand morne rouge... C'est beau, non, le malheur ? On est aplati sous le poids. En ce moment, je te vois comme une planche !

– Tu étais mon rêve...

– J'étais ton rêve ! Je n'habite pas la ville. Tu as vécu toutes ces années sans me connaître. Un miracle.

– Il y a quelque chose, une liane, une forêt, qui se défait, un frisson qu'on dénoue, je ne sais pas, des aridités qui viennent.

– C'est la misère qu'il faut maintenant regarder en face !

– Le temps des jeunesses qui s'en va...

– Assez. Assez de litanies. Je retrouverai Thaël.

– Vrai. Juste. Imparable !

– Je t'aime beaucoup, tu sais, Mathieu.

– C'est bien la preuve. Voici la ville. Marchons ensemble, mon rêve.

– Je ne crois pas aux mystères, Mathieu ! Bientôt je serai une forte femme. Oui, oui, ne proteste pas, ce n'est pas une raison parce que je suis fine comme Dalila de la Bible, je serai une forte femme, mais près de lui. Ma marraine partira dans le Sud, elle veut mourir seule, tranquille, c'est aussi une forte femme, alors, je ne crois pas aux rivières qui remontent les mornes, ni aux visions dans la nuit.

« Mais ce n'est pas une raison, continue-t-elle, pour provoquer ainsi le destin ! Quel destin ? Avons-nous un destin commun ? Tout cela me fait rire... Si je le perds, Mathieu, s'il lui arrive quoi que ce soit, je te mange les yeux, le foie, le cœur ! »

Ils atteignent les premières maisons, quelques enclos

pour poules maigres, une boutique à fort relent de morue salée. La ville, basse et monotone. Une croix géante en haut de marches blanches. Mathieu a un geste de renoncement, se reprend.

– Toi tu provoques ta destinée ! Nous ne l'avons pas appelé. Il est venu. Veux-tu savoir : demain nous penserons que rien de tout cela n'est arrivé. Et comment persuader les autres, les aveugles, ceux qui se satisfont de frôler les murs, et leur sourire épais et leurs bonjours en miel, et ils s'arrêtent près des fenêtres pour bavasser, comment les persuader que c'est cela qui est vérité, que nous aurons beau crier que rien n'est arrivé, que voilà des mensonges sous le soleil, en vain nous crierons car la racine sera plantée en nous !... Oui, marchons ensemble, mon rêve...

Elle murmure : « Mensonges, mensonges... » (Mais la ville est autour d'eux : et leurs voix sont taries.)

VI

Alors Thaël et Garin suivent leur destin, au long de la rivière. Si la route est étroite, l'un ou l'autre passe le premier : sans hésiter ni craindre. Ils ne parlent plus, ne monologuent plus : quelle importance ? ils sont réunis maintenant. Les écueils du chemin sont moins pénibles, Thaël aide Garin à sortir de la boue, Garin porte Thaël d'un remblai à l'autre. Non, il ne le porte pas, mais il lui tend la main. Le gros homme est neuf d'une sorte de dignité ; on dirait que ses crimes passés, ses trahisons, son ignorance sont lavés, acquittés, effacés par l'eau qui descend. Ainsi peu à peu ils se rapprochent l'un de l'autre, prêtant attention aux arbres et au ciel. Ils discutent du pouvoir inestimable de la lumière, de son poids terrible quand elle prend les sommets, les faisant brûler encore dans toute cette brûlure du jour, ou quand elle ravit sur l'eau des mirages et des moissons que l'eau abandonne à la ravisseuse, ne pouvant autrement. Ils s'étonnent d'être ainsi toujours cernés par ce pays de pointes et de mornes, par cette eau. « Les gens souffrent », dit Thaël, et Garin ricane. Il pointe le vent, « les gens, c'est du vent » ; alors Thaël proteste.

A midi, ils font rôtir des bananes sur un feu. A trois heures, ils arrivent devant un à-pic qu'il faut franchir : trois kilomètres de route détournée les convainquent de cette nécessité. La petite falaise (peu de chose en vérité) domine de cinq mètres la rivière. Une mince bande de sable semble offrir un point de chute idéal. Au flanc de la falaise, à mi-distance du sol et du sommet, on remarque une saillie, mais comment s'y fier ? « C'est de l'argile séchée, dit calmement Garin, je ne peux pas descendre là. »

On saute, crie Thaël, puis il regarde l'officier : c'est impossible, vraiment.

– Voilà. Tu t'allonges sur le sol, tu me tiens par un bras, je suis sur la saillie. J'ai mon couteau, je creuse l'argile : un quart d'heure. Tu descends, tu me retiens, je saute, et je te taille une autre marche jusqu'au sol.

C'est ainsi qu'ils franchissent l'obstacle. Thaël est rouge d'argile poussiéreuse, Garin en porte une longue traînée sur les jambes, sur la poitrine et le nez. Ils rient et se lavent dans la Lézarde. A cinq heures, le pays apaisé les emplit d'une douce joie. Sur ces hauteurs le couchant n'est pas sombre, la nuit s'annonce sans ostentation. Les calmes brises descendent vers la plaine, elles tamisent la chaleur ; ce paysage est un miroir. Ainsi peu à peu ils discutent de beauté paisible, d'un savoir ancien.

– J'ai toujours su que je ferais quelque chose. Pourquoi ? Pourquoi ? Si même j'avais un fils, je lui tendrais la branche, il ferait mieux que moi. Tiens, tu vois, la politique ce n'est pas mon affaire.

– Ah ? je connais ce conte.

– Je travaille pour qui me plaît ! Je suis un traître, ho ?

– Aussi sûr que la terre est noire, oui.

– Elle est noire, la terre ? Moi je vois qu'elle est rouge, et puis jaune, et puis brune, jusqu'au fond des fonds.

– Elle est noire, c'est vrai.

117

– Et qui dit cela ? Le grand-père de mon grand-père peut dire cela. Mais toi ? Que peux-tu savoir de la terre ?

– A la surface elle est verte, comme la forêt.

– Oui, mais du minerai ? Est-ce qu'il y a du minerai ? Connais-tu cela, du minerai ?

– Du métal dans la terre, oui.

– Eh bien ! nous n'avons pas de minerai. Voilà.

Silence et tristesse. Pouvoir du métal, inconnu et terrible. Petitesse dans le monde. Pauvreté.

A sept heures, l'ombre approche, ils la voient monter de la plaine. Ils voient la nette épaisseur du lointain, les champs encore éclairés là tout près, mélancoliques à mourir, attendant déjà l'étreinte inexorable de la nuit. Et ils voient avancer la noirceur, elle gagne sur la lumière des herbes, elle fait fondre la mélancolie, elle apaise toutes choses. Ils voient dans la nuit l'allée de la Lézarde, ils remarquent comme elle brille dans la nappe sombre, et comme elle scintille au-dessus d'eux dans un reste de jour. Ils demandent : que préférer ? L'éclat du jour ou l'éclat de la nuit ? Et ils conviennent de la vanité de tout. « Il ne se passe rien, rien ! » Vaut-il pas mieux s'asseoir, se perdre parmi les eaux ? Est-il un fleuve de la nuit, qui emporte vers d'autres pays ? « Tu es venu pour me tuer. » Pourquoi ? Pourquoi ? Chacun lutte pour son pain. « Je suis venu pour te tuer. » Non pas à cause de la trahison, et non pas à cause de la misère. Mais il est incroyable qu'un homme soit en exemple et qu'il propose cet exemple-là précisément. Parce qu'à cette époque de notre histoire, nous ne pouvons laisser grandir parmi les frères la haine du frère. Comprends-tu ?

– Tiens, dit Garin, la Lézarde a disparu.

– Elle sera là demain, au-premier-coq-chantant. Elle est éternelle !

Et à huit heures, ils s'installent pour la nuit. Lequel a compris l'autre ? Couchés là, ils écoutent l'eau douce. Comme la source est loin ! Comme le cours est rapide, sans retour.

C'est alors qu'un immense brasier s'allume dans les bois. Thaël et Garin bondissent ; l'incendie a pris des proportions stupéfiantes. C'est un volcan dans la forêt. La Lézarde est devenue un ruban de feu, immobile et terrible.

Les deux hommes courent vers les flammes. « C'est beau, c'est beau », crie Garin, mais Thaël pense que c'est là une calamité. Ils courent, et le feu recule : déroutés ils s'arrêtent. La lueur reprend. Ils se précipitent encore. Ils arrivent à la lisière du bois : tout est calme, sombre, endormi. Haletants, ils reviennent à leur campement. Ce mirage les amuse.

– Il y a quelqu'un qui nous fait courir.

Ils dorment dans l'incendie fallacieux, dans la beauté qui ne s'éteint pas.

VII

Mathieu passe la frontière de la Lézarde ; il occupe un territoire presque inconnu. Les nécessités de la campagne électorale le poussent vers les mornes reculés. Mathieu est seul, et connaît enfin son travail. Non pas de vouloir enflammer les gens, dans tout un éclat de jeunesse : le peuple aime les jeunes, mais il rit volontiers de leurs enthousiasmes, de leurs naïvetés. Il faut dompter sa jeunesse, et voir au loin. Il faut être pratique, mais généreux aussi. Confondre les œuvres de liberté et les lourdes nécessités des libérations. Une réunion électorale est ainsi : un rite et un vacarme, une méditation et aussi bien une ripaille.

Mathieu apparaît au détour du chemin, il est accueilli par le responsable de la réunion. Il est gravement salué par le maître de maison, par sa femme, par les voisins les plus connus. Un des enfants (après un moment de silence : flottement des uns, curiosité des autres) lui offre un verre de rhum, à la santé du peuple. On attend qu'il ait bu la première gorgée, et chacun est servi. Dès lors, on cause. L'orateur développe les périodes de son discours. On lui demande de ne pas oublier tel ou tel point. Il y a ceci et il y a cela. Les langues sont déliées, vingt orateurs préparent le même discours. Puis le maître de maison dépose son verre, il dit : « Allons, les enfants ! Notre camarade n'est pas venu pour nous écouter, mais pour nous parler. » Ceux qui sont dans la case refluent vers la porte, ceux qui sont dehors se pressent pour mieux voir. « Maître Charlius est-il là ? » Maître Charlius est là. Chacun monte doucement vers l'espace de terre battue où se tiendra la réunion. La case est restée ouverte, les enfants lèchent les verres, au risque de se faire gronder ; mais aujourd'hui les parents ne songent guère à punir. Les plus hardis allument un flambeau (qu'ils se sont fabriqué en secret) et rejoignent les grands. Il est neuf heures lorsque le cérémonial prend fin. Tous sont graves, attentifs, un léger souffle remue la nuit, et le jeune homme commence. « Citoyennes et Citoyens... »

Ceci n'est pas un conte ; pourtant le décor a-t-il changé ? On ne remonte pas aux sources des merveilles, on clarifie le présent. Mais l'auditoire n'est-il pas, ainsi qu'autour du conteur, vigilant ? Le temps du discours mesure le temps de l'application passionnée ; les éclats de l'assistance fusent, et les approbations, les étonnements ponctués d'un ha ! immense (lorsque l'homme qui parle révèle une exaction, un crime), les réponses d'une seule voix quand il demande : « Voulez-vous la liberté ? » – « Oui ! » – « Alors, il faut... », et tout le développement rigoureux de l'espoir. Puis l'homme descend de la table, on l'invite à boire encore – chez monsieur Cyrien qui est un dévoué camarade, chez maître Saint-Ange qui a averti tout le monde : et ainsi jusqu'en haut du morne il entre dans les cases, trinque, boit, non pas à la légère, mais pour marquer la communion. Ainsi la gravité, les libations : chaque discours est cérémonie. Les enfants n'osent pas suivre l'homme qui a parlé...

Mathieu est fatigué. On lui a encore dit que ce serait « à trois pas d'ici » : l'optimisme des habitants est en la matière sans limites. « Tu prends le petit chemin à droite, tu tournes au coin de la source, c'est là » : mais

121

il sait que le trajet durera trois heures et qu'il y aura plus d'un détour. Mathieu continue par les sentiers de boue, il pense à toute cette initiation : comme si, pour accéder à la vraie connaissance de la terre, à la saveur des recoins, à l'estimation lourde des misères, à cet éblouissement des joies grandes et petites, il lui fallait passer par ce temps de la campagne électorale, temps étranger à la saveur, temps abstrait en quelque sorte, où la parole déclenche toute une mise en scène, un remue-ment de têtes, de rumeurs ; et la parole aussi est étran-gère à la vraie vie, mais elle la nomme et la défend et la définit : jusqu'au jour où tout se dénoue par l'élection du représentant. Mathieu pense à cet intervalle qui sépare les deux rives de la vie, et qui est comme un fleuve, avec les discours qui sont des îles, les assem-blées du peuple (c'est le flot), et les barrages soudains : contradicteurs, traîtres, vendus. Et la rive d'avant est celle de l'attente, et la rive d'après est celle de la joie. Et c'est dans l'un et l'autre cas, sur l'une et l'autre rive, la même saveur de la vie ; mais la traversée du fleuve (la durée de la campagne électorale) est un temps où l'homme apprend à mesurer sa terre ! « *Je ne veux pas décrire, je veux connaître et enseigner.* » Mathieu pense qu'il a davantage appris qu'il n'a enseigné. Il marche vers la dernière réunion ; Pablo et Gilles l'attendent. A tout prendre, ils ont fait du bon travail. L'enfance meurt. La grâce s'en va. La terre pèse maintenant, il faut porter ce poids.

Mais comment témoigner pour cette splendeur du chemin, crier les orangers, le sel, et la rumeur qui prend ici naissance et, peut-être, va s'élever jusqu'à la der-nière étoile là-bas ? Mathieu pense que Thaël est comme son double nocturne, essentiel : un Mathieu de la nuit profonde ; qu'en ce moment c'est Thaël qu'il tâche de rejoindre, traversant ainsi le fleuve des mots.

VIII

La Lézarde maintenant est lente, avec puissance. Les terres qui l'avoisinent sont gonflées du sang jaune, elles vont par vagues épaisses, grasses du limon que la rivière distille. C'est parfois une incantation verte et rouge ; l'ocre des glaises sied aux herbes. Le ciel avance, non plus troué sur des hauteurs, non plus tourmenté par les mornes qui sans cesse le cernent (vers l'Ouest et le Nord), mais ici étalé sage et calme sur la sage verdeur.

Thaël et Garin, se réveillant, baignent dans l'humidité. Qui peut alors retenir son âme d'être consentante, de croire à l'avenir, au soleil prochain ? Qui peut se retrancher derrière le miroir, pour n'entendre que la seule force qui en lui barrit ? La lumière, qui peut l'éteindre ? C'est la parole de la plaine.

– J'ai vu des pays, dit Garin. Des montagnes comme tu ne peux pas en avoir l'idée, des neiges sans fin et le soleil par-dessus, des fleuves plus larges que la mer et des bateaux roulent dedans, des plaines si terribles qu'on est désespéré, tout le monde y travaille, jusqu'à mourir. Oui, j'ai vu le monde, je sais.

– Toute la terre, dit Thaël, la voici dans nos yeux. Qu'importe la petitesse, toute la terre est ici, et les nuages, le ciel, et toutes les étoiles.

– Est-ce que ça bouge ? Où est la vie ? Depuis le temps qu'on a tout bourré par ici de crétins comme toi

123

et moi, ho, est-ce que ça a changé ? L'eau court tou-jours sans raison. Les mangos tombent, qui les ramasse ?

– Ça bouge ! Il y a toujours eu des crétins pour crier et se battre. Qui les connaît ? Personne, personne.

– Tu me fais rire. Le Gouvernement interdit de se battre, sauf au serbi les jours de paye.

– Des révoltes, des révolutions.

– Pourquoi, bon dieu la vierge, pourquoi ?

– Et puis, la terre qui chauffe. Ça fait un joli boucan. Elle s'ouvre, nous rions. Tiens, elle nous parle. En vérité, Garin, renonce.

– Ah ! jeunesse...

Les eaux tournent si doucement que Thaël est saisi de vertige. Il dérive sur la Lézarde (emporté, non comme une paille qui ne sentirait pas la force profonde et que le moindre recul engloutirait pourtant, ni comme une poutre, masse insensible, tronc épais, corps sans nuances fendant l'eau et que l'eau ne pourrait toucher – mais c'est le pouls même du courant ; et il ressent l'étreinte des terres, puis il joue entre les boues à glis-ser, vers l'appel et le large ; et emporté il demeure aussi, sentant l'eau se distendre sur tout son corps, ruisseler vers la rive, virer, jaillir en éclats pour à nouveau des-cendre en lui – et avec lui – sur la terre – et dans toute la terre – comme un espoir et comme un dû – jusqu'à l'ultime noirceur où chaque mot est un silence et où la chaleur parle) cependant qu'il marche à grands pas, lon-geant la rive de la vie, criant à l'autre de consentir, de voir, de toucher un peu de cette sève (si cette sève n'est pas en lui).

Et Thaël qui a longtemps vécu seul sait maintenant que l'orage vient. Il voit le ciel monter (la profondeur s'élargir comme une fleur, des nuages s'amasser en corolle, le soleil soudain scintiller, et des oiseaux fuser avec tapage, sans ordre ni but) sur la terre qui paraît plus nette, comme détachée des oiseaux et des nuages (quand tout à l'heure encore il n'y avait qu'un seul épais bloc de ciel, d'oiseaux, de verts sillages) ; et la Lézarde déjà frissonner des premières atteintes de pluie.

Thaël et Garin sont à ce moment sur le grand pont d'Ouest. C'est une construction insolite qui semble non enjamber la rivière, mais nouer une rive à l'autre (car les arches du pont sont comme des lacets sous la courte voussure de la chaussée). Le pont ouvre la route qui mène vers les hauts mornes (où on voit la tache blanche que fait l'orgueilleux château du patron de Garin ; demeure ici aussi ridicule et inattendue qu'une hutte de verts feuillages pourrait l'être dans un paysage de neige), et le flamboiement noir de la route découpe l'escarpement, ouvrant la terre devant l'œil et rejetant à droite et à gauche (quand on se tient au milieu du pont) les plaines de cultures à odeur de sueur et de mort. En ce moment la pluie barre la plaine, on ne voit plus que le ruban noir de la route. Thaël et Garin se précipitent sous les arches, ils dévalent un sentier de boue et arrivent à un petit nid de feuilles de bananiers, sale et malodorant, mais bien au sec. Au-dessous d'eux la Lézarde jaunit à vue d'œil, au-dessus d'eux l'eau bat la chaussée, et l'écho gronde sous les poutres. Ils ne voient pas l'orage, mais ils voient monter la Lézarde. Les eaux se précipitent dans l'étroite goulée sous le pont, elles montent. Jaune clair il y a quelques minutes, la rivière est maintenant d'un rouge épais et sinistre. Garin essaie l'écho sous le pont, puis il crie : « C'est de la terre, hein, elle mange la terre ! » Ils écoutent le grand ban du ciel, les éclats du tonnerre, le crépitement qu'il fait sur la plaine ; ils voient la boue du fleuve, la fécondité amassée, le bouillonnement qui monte, et de chaque côté du pont, à travers l'eau qui gicle de la chaussée, l'éclat du soleil plus lointain encore que s'ils étaient dans une vraie et définitive nuit.

– Papa ! crie Garin. Ça chauffe.

– Il y en a pour un moment !

– Une demi-heure ?

– Pas autant, non.

– Comment sais-tu ?

– Hé ! Hé !...

Garin vexé se penche sur la rivière... *Jusqu'au delta !* Et Thaël qui repousse la tentation (ce serait si facile de le pousser là-dedans ; mais il s'en sortirait peut-être) pense qu'il n'est plus, lui Thaël, dans la rivière, qu'il ne fait plus que regarder le flot, que toute cette violence l'a exclu, qu'il est maintenant du côté de la terre, et qu'il s'agrippe pour ne pas être emporté, qu'il s'enfonce, qu'il attend la fin du tourbillon, du cri d'eau et du charroi sans discernement.

Garin dit enfin, après avoir réfléchi (Thaël le sent ruminer des mots, courbé dans la noirceur de ce nid, homme intense et protégé dans le délire d'orage) : « Voilà, il paraît que tu connais la terre. On oublie tout, et je t'engage. Tu as La Source, tu fais travailler la propriété. Dix pour cent pour toi, non, quinze. C'est une affaire. Mais il faut aider les jeunes... » Thaël refuse. Il est pantelant à l'idée d'avoir la Maison, mais il n'oublie pas ce qu'est Garin. *Tu as trop de sang dans ton œil* ; mais ce n'est pas pour le sang versé, c'est pour ce que l'officier prépare, pour le malheur qu'il traîne (comme si cette terre n'a pas eu sa part, et plus !) ; Thaël crie : « Non, non ! » (car la tentation est encore là, de consentir tout de suite, ou de pousser Garin un grand coup). Et Garin vexé se replie encore sur lui-même ; Thaël croit qu'il va bondir.

– Bon, bon. On revient au même point !...

Alors l'orage cesse, plus vite encore qu'il n'est venu.

Thaël et Garin remontent, éblouis par la fraîcheur des herbes, par l'air transparent, et ils sont légers (comme si cet orage dont ils n'ont rien vu, mais qui les a secoués, terrés qu'ils étaient sous le pont, les a aussi décidés à choisir, ou mieux, a choisi pour eux, balayant avec les vagues de pluie l'amitié obscure et à peine consciente, la fraternité qu'ils furent malgré eux sur le point de connaître) ; et d'avoir choisi les rapproche encore, ils sont complices dans leur éloignement, unis par leur opposé destin dans l'unique clarté scintillante (alors que l'ombre malodorante du nid de feuilles, où ils faiblirent et faillirent s'accepter – un gros homme ayant vécu et qui acquiesce à la vie, un enfant tout savant qui pardonne et comprend –, leur paraît maintenant comme un trou noir de gêne et de faiblesse), et ils s'excitent à se défier : par de grands gestes et de vigoureux éclats.

L'après-midi passe et au fur et à mesure cette excitation tombe. Ils marchent tard dans la nuit, suivant la première grande boucle de la rivière : du haut d'un morne Garin a marqué toutes les terres contenues dans cette boucle ; il presse Thaël ; ils camperont au sortir de ces terres.

La nuit est claire ; ils vont par des chemins détournés, coupant à travers les champs de cannes ; et dans toute cette clarté les sentiers sont des trous d'ombre, d'obscures venelles encaissées sous les feuilles, avec les bâtisses de verdure, les ruisseaux de boue et le bruit de la population : crapauds surtout. Thaël et Garin n'ont pas peur car il suffit de lever les yeux pour apercevoir le ciel net ; et parfois ils arrivent sur une place, dégagée des constructions (mais cependant cernée par les murs de verdure), et c'est comme une ville endormie qu'ils traversent ; il y a même les bêtes luisantes : lampadaires intermittents qui invitent à entrer dans le monde de la

127

nuit par leurs porches de lumière. Tout ce scintillement, et les éclats feutrés du feuillage, peu à peu les apaisent.

Comme ils atteignent une petite ravine creusée par les eaux de la Lézarde et que franchit une large planche, Garin s'arrête et jure. Thaël (qui suit) voit sur la planche un chien, tellement énorme que ses flancs dépassent de chaque côté. Le chien est couché, mais sa tête est d'une solide fixité : il les regarde.

Thaël crie : *Sillon !*... puis aussitôt : *Mandolée !*... car il lui semble reconnaître ses deux compagnons, tour à tour. La bête ne bouge pas, mais sa structure même semble évoluer, et Thaël se frotte les yeux : Sillon ou Mandolée ? Garin avance et crie : « Sale bête. » Le chien gronde puissamment ; Garin avance encore : le courage de cet homme est effrayant, autant que la taille de l'animal.

C'est alors que Thaël (qui sent que Garin ne faiblira pas) entre résolument dans le jeu. Peut-être a-t-il compris qu'il n'a rien à craindre de cette bête ? Il court et, dépassant Garin, s'engage sur la planche. « Va-t'en, crie-t-il, laisse-nous ! »

– Il ne t'écoutera pas, dit Garin, c'est lui qui nous a donné l'incendie. Et maintenant il essaie autre chose.

– Va-t'en, murmure Thaël, avançant sur la planche (la planche craque).

La bête se dresse complètement, dans un long gémissement de bois mouillé. Elle regarde Thaël, puis recule. Doucement. Elle recule sans se détourner, cependant que Thaël avance. Enfin elle arrive à la terre molle et soudain bondit dans la nuit.

Thaël et Garin voient la forme monstrueuse qui, parfois, se confond avec la noirceur et parfois jaillit dans la clarté, avec des bonds immenses et silencieux, comme un fantastique arrachement de la nuit même, voué à revenir sans cesse dans la nuit mystérieuse et enfin à s'y évanouir, ne laissant d'autre trace que la peur et le tremblement qui maintenant s'emparent des deux hommes. Et longtemps ils restent là, ils fouillent l'infini noir, ils parlent à leur âme.

IX

Et au milieu de la deuxième boucle, ils découvrent la ville, juchée sur la hauteur médiane et qui laisse la terre d'alentour battre contre ses murs, sans s'émouvoir. Thaël voit cet enclos, cette absence. Il contemple la grande rue sans mystère, une simple lézarde en vérité dans le pâtis de toits, un autre fleuve, mais infécond. Rue sans profondeur. Et Thaël se demande quel miracle de foi a pu l'incliner à supputer, là, des grandeurs, une révélation possible. Cette ville est aussi plate qu'un labour (malgré la rue qui monte) et plus monotone encore. Mais il avait lui-même dit : « Cette ville a un charme », et de l'une à l'autre proposition il cherche le lien. Oui, toute cette évidence banale avait retenu l'appelé. N'avait-il pas craint de méconnaître les volcans, là sous ses yeux ? Et, en effet, ils y étaient. Une démesure. Thaël guette les toits, il pressent un éclair jamais allumé. Niant la révélation, il la devine et l'attend. Considérant la ville dans sa platitude, il veut en explorer (en même temps, et par la même opération) la profondeur. *Tout cela est trop savant !* Il a des colères terribles qui le laissent harassé.

Garin est ironique. « Tu croyais que la ville, c'était un joujou ? Tu croyais que ça marcherait, qu'il n'y aurait qu'à l'ouvrir pour trouver le ressort ? Mais ce n'est pas une ville ! C'est un trou, même pas, on ne peut pas dire que c'est un trou, c'est un assemblage, il y a la terre, mais on ne peut pas la cultiver, il y a les maisons, mais elles tombent sous le vent, il y a les hommes : que font-ils ? Ils ne travaillent pas la terre, ni le métal ni la roche. C'est sale, mais c'est terreux, et il n'y a pas d'outils. J'ai vu le monde, je sais. »

– D'accord, ce n'est pas une ville, même pas un trou ! D'accord, c'est laid, ça ne peut pas faire concurrence au monde ! Mais explique-moi, non ? explique-moi pourquoi tu t'énerves ainsi ? Et moi ? Jamais je n'étais allé là, je vivais avec l'air du matin, et mes bêtes m'aiment. Alors pourquoi un jour j'ai eu envie, tout soudain, comme ça, de descendre ? Hein ? Voilà, j'arrive, je me dis : « Ce n'est pas une ville. » D'accord. On pourrait y prendre des rats au bord du canal, rien qu'en se baissant, et ça sent mauvais, non, du côté des marais ? Et le canal. Quand on prend la grande rue, c'est énorme, le canal, ça monte au nez. Et ils ont beau dire, cette grande rue, il n'y a rien. D'accord. On ne peut même pas dire que c'est banal, ça n'existe pas ! Oui ! Mais pourquoi je m'arrête là, devant la boulangerie brûlée, et l'espace de charbon à l'endroit où il y avait toutes les autres douze maisons ? Et pourquoi je me fais raconter chaque fois l'incendie de la ville, et les fûts d'huile qui éclataient en l'air, et Luc qui entrait partout pour sauver, pour sauver quoi ? Et Mathieu qui était à la pompe, tu sais, la pompe qu'on doit essayer à la veille de chaque incendie, non ? Et pourquoi je vois tout cela, rouge et noir, comme si j'y étais, et je m'arrête devant les charbons brûlés avec l'ortie qui gagne, et je suis content quand ce bougre a fait bâtir sa maison neuve à l'ancien emplacement, hein, et j'attends qu'on ait tout reconstruit, je me dis : « Ça ne va pas assez vite », et tiens, si tu faisais construire une de ces maisons, là, je serais content, non ? Et Margarita s'en alla,

131

faible et douce parmi la ville ! Pourquoi ? Tu veux me dire pourquoi une fille est dans une ville de verre, avec la passerelle, et la boue qui ne salit pas ? Et elle s'en va, oui, elle s'en va, alors la ville tombe, les murs sont épais, on touche le bois noir, et le mauvais ciment et les tôles, tout ça parce qu'une fille quitte un homme !

– Il est fou, crie Garin.

– Fou, fou, tu ne serais pas fou, toi ? Monsieur a vu le monde. Monsieur sait. Tu sais ce que tu sais ? Ton ventre, ton ventre seulement. Je te dis que cette ville a un charme. Je te dis que c'est à cause que ce n'est pas une ville. Et toi, tu l'as dit. Ça pousse dans la terre, comme une fleur. C'est plein de gens, et ils croient qu'ils sont quelque chose d'à part, une catégorie à part, parce qu'ils ont des salons, des services, qu'ils vont se promener le dimanche après-midi. Mais ce n'est pas vrai ! Au fond d'eux il y a toute la terre d'alentour. Au fond du mannequin il y a la lumière. Ils ne peuvent pas vivre comme dans une ville, ils ne courent pas, ils ne crient pas, cette ville c'est un produit de la terre, ce n'est pas séparé, il n'y a aucun mur, c'est un passage, un rassemblement, et après ? Je te dis que c'est pour cela qu'elle nous prend, et tu la détestes, hein ?

– Je ne déteste personne !

– Tu la détestes. On ne peut pas l'imaginer sans voir aussitôt tous les sentiers qui courent vers la place ; c'est plein de gens avec les chaussures à la main, les femmes qui portent leur robe pour la ville dans un sac, ceux qui s'arrêtent à l'entrée pour se laver les pieds, toutes ces files de gens qui arrivent de partout, non ? Qu'est-ce que c'est ? Des gens de la terre. Il n'y a pas de barrage, il n'y a pas un endroit où le sentier de boue finit et où la rue commence, as-tu vu un endroit ? Regarde, c'est comme un champ, il faut labourer, et tous les ouvriers viennent, par tous les chemins. Et ça fait un bloc, un bouillon, c'est pour cela que la grande rue n'existe pas, elle n'a pas de raison, ce serait un sentier, ce serait une allée, il y aurait des arbres, du sable, si les gens comprenaient. Et tu la détestes, la ville, parce qu'elle continue la terre, et regarde, lui, Mathieu...

– Quel Mathieu ?

– Mathieu ! Mon frère. Il dit que tout est vague, c'est confus. Pourquoi ? Il ne comprend pas, il a l'esprit tout en formes, il est comme une machine, il sépare tout, à gauche le jour, à droite la nuit, mais tout ça, la ville, la terre, les gens, la mer, les poissons et les ignames, tout ça c'est le jour et c'est la nuit, la droite et la gauche. Tu l'as dit, Garin. Il n'y a pas de ville, il n'y a que la terre qui a fait des maisons, voilà, et les hommes de la terre entrent dans les maisons. Tout est vague, mais c'est tant mieux. Tout est confus, mais c'est tant mieux ! Je te comprends maintenant (crie Thaël vers la misérable masse de toits), je te comprends ! J'ai vu tout ce qui t'entoure et qui te fait, et j'ai vu ton antre. J'ai vu les ouvriers de la terre, qui, demain, seront des paysans, des terriens sans avarice, des amants ! Tu es le sac d'amour. Tu es la patience et la petitesse, tu es l'humble beauté.

– Ah ! là là...

– Tiens (dit encore Thaël), tu me rappelles quelqu'un. Un homme, et il ne croit à rien, ni à la passion ni à la beauté, c'est une pratique, pourtant il a risqué sa vie dans l'incendie. Pourquoi, Luc ? Pour des pas même petits-bourgeois.

– « Petit-bourgeois » ! Tu parles comme un dictionnaire !

– J'ai dit : pas même. Et pourtant il a sauvé des choses, des meubles, des brosses, toute l'écume de leur vie. La beauté est en lui, non pas dans les murs qui brûlent, ni dans les rues avec le goudron qui coule bouillant, ni dans toute la mesquinerie des maisons.

– La beauté ? Explique-moi ça, la beauté.

– Quelqu'un descend vers la ville, c'est moi. Il rencontre quelqu'un, c'est Mathieu.

– Ton frère.

– L'un et l'autre, le même jour. C'est la beauté.

– Pourquoi ?

– Je vois la ville : rien. Je passe à côté, je fais le tour : rien. Je me dis : il doit y avoir un secret, toutes ces maisons, ça se raccroche à quelque chose, par force. Alors Mathieu parle, et je vois la flamme !

– Quelle flamme ?

– Tu ne peux pas comprendre ! Mathieu me dit : « Je l'ai vue, là, au milieu des mots ! » Et il est ridicule avec tous ces grands mots qu'il secoue comme un filao, il crie, mais il parle, il parle plus qu'un bréviaire de paroissien, et sais-tu, je suis envoûté. Il me jette un sort avec tous ces mots, et je veux voir Valérie, c'est lui qui m'a poussé, il a fait un sort rien qu'avec des mots, je veux la voir, tu m'entends, et quand ça arrive, je suis perdu, je sens que voilà mon âme, que voilà ma lumière. Je l'aime, il n'y a pas à dire. C'est la beauté.

– Je ne peux pas comprendre. Pas vrai ?

– Et tout ce temps durant je sais que Mathieu est pour Mycéa et que Mycéa est pour Mathieu. C'est la beauté de la chose. Je le sais, comme on sait que le jour viendra, et que la mort se mélangera à la nuit et à l'amour. Je me dis : « Bon. Mais à quoi tout cela se raccroche ? » A quoi ? Et alors, un jour, nous voilà tous près de la mer. Une ivresse. Je bois tout.

– Tu sais nager ?

– Je comprends une chose. Tout de suite. Il y a la mer et il y a la ville, et qu'est-ce qui fait le lien, qu'est-ce qui rattache la ville à la mer ?

– La Lézarde ! crie Garin.

– La Lézarde ! Comment la rattache-t-elle ? Non pas comme le canal (et tu remarqueras, tu as dit la Lézarde, pas le canal), non pas en traçant tout droit un chemin d'eau depuis les maisons jusqu'au sable. Non. Elle fait un large tour, la Lézarde. Elle ramasse toute la terre autour de la ville, elle comprend que cette ville et cette terre c'est la même nourriture, c'est la même vie, et elle fait sa boucle, pour porter à la mer toute la ville et toute la terre. Parce que la mer, c'est l'avenir, non ? C'est toujours ouvert, on vient, on part. Et la ville c'est ce qui reste là, toujours présent, non ? Toute cette mesquinerie appelle vers ce qui est au-delà de l'horizon, non ? Et ainsi la Lézarde, c'est ce qui empêche la ville d'être une ville, ce qui lui donne sa chance, d'être quelque chose, au fond de la nuit. C'est la beauté.

– Avec toute cette boue de sable ?

– Avec toute la mer et toute la terre ! Comme un pur esprit qui veille sur toi, et tu ne sais pas qu'il existe, et tu fais même la plaisanterie sur les puissances de la forêt, mais voilà, la force est là, et tu ne peux pas l'oublier !

– C'est une rivière.

– Nous l'avons bien compris, toi Garin, moi ! Nous descendons la rivière. Pourquoi ?

– Moi je suis pratique. Je n'ai plus vingt ans !

– Mais tu l'as compris quand même ! Que manque-t-il à la ville ? Regarde. Que manque-t-il à la mer, à la Lézarde, et à nous tous, pour que la boucle soit achevée ?... Que la terre soit à ceux qui la travaillent ! Quand tu vois ça, tu comprends la Lézarde. Qu'a-t-il dit, Mathieu ? « Nous apprendrons les techniques. » Alors tu veux la terre, tu veux l'ordre, la patience. Tu comprends ça, hein Garin ?

– Je ne fais pas de politique, moi. Parle encore de

Mathieu, de Valérie, je veux les connaître. Parle-moi de la beauté, ça c'est mieux.

– Je t'en parlerai ! Avec mes poings, tu entends !

Thaël avance, il veut se battre.

– Tu as raison, dit Garin, tu as raison ! Je voudrais qu'on descende à la mer. Ah ! jeunesse...

Et Thaël baisse la tête. Pourquoi tout ce bruit, toutes ces paroles ? Il ne peut pas le faire. Il ne peut pas tomber sur un homme, comme ça, de sang-froid. Misère...

– Alors, murmure-t-il, quand tu sais tout cela, tu comprends que la petitesse ce n'est rien. Tu veux aller dans l'univers, tu veux aller dans les étoiles. Tu connais ta terre, tu ne l'oublies pas. Elle n'est qu'une poussière du monde, mais elle est là...

– Tu as raison, dit Garin, tu as raison.

X

(Le soir où Thaël et Garin voient cet incendie de la forêt, une grande réunion politique a lieu au marché de la ville. Cette manifestation est patronnée par le parti du peuple, la seule organisation qui défende vraiment le pays, la seule réalité, la vraie source. Car, bien sûr, la campagne électorale est une vaste affaire, dans laquelle Luc et Mathieu, et Gilles et Pablo ont un petit rôle. Bien sûr, la vraie besogne est dirigée par ce parti, par les hommes tenaces et d'expérience. Ils réclament une nouvelle organisation des ressources, ils veulent qu'on fasse des cultures vivrières, qu'on abandonne le système des « habitations » qui permet d'emprisonner à vie un ouvrier agricole, sans qu'il puisse partir ailleurs ; ils exigent les mêmes droits pour eux que pour les hommes du Centre, et un plus grand pouvoir pour les élus locaux. On remarque une certaine opposition dans ce parti, touchant la question des rapports avec le Centre. Les uns veulent les maintenir, d'autres préféreraient une union avec les autres pays de par ici. Quant au parti des grands propriétaires – avec ses multiples et fallacieuses branches : petits partis de diversion – pour lui le Centre est l'ennemi, susceptible d'intervenir dans ses affaires. Ce qui n'empêche pas ce parti de se réclamer, avec une solennité savoureuse, de « la Grande Patrie ».

137

Tout ceci rompt la sèche monotonie du chemin au long de la Lézarde, tout ceci fait une tache de bruit et de couleurs sur les demeures de nos amis, sur la retraite de Mycéa, sur Valérie pensive, sur Mathieu acharné à courir les campagnes. Ils savent que le vrai travail n'a pas commencé pour eux. Ils n'en sont qu'aux préliminaires. Et le parti du peuple, auquel ils refusent d'adhérer par une sorte d'instinctive et jeune défiance, ne leur apparaît pas moins comme le réel espoir de tous. Et ainsi faut-il rompre le chemin vers la mer, troubler la monotonie sans recours. Et de même que les eaux profondes de la Lézarde s'humanisent près de la ville, permettant aux femmes d'y faire leur lessive, de même cet obscur mouvement de ceux qui sont le levain du pays, ce patient et ardu et inconscient labeur de nos amis s'arrête ici, s'arrondit, soudain éclate, sous l'éclat et la criée des hommes ; le peuple clame alors ses volontés, et l'écho pour ces jeunes n'en est certes pas perdu.

La réunion commence avec un orateur du parti. Importance du pays, non des misérables qui l'exploitent. Le temps est venu de n'avoir plus peur. Ils nous ont enfermés dans la mer comme des rats dans un cagibi. Mais nous avons fécondé le cagibi, avec notre sueur et notre sang. Il est à nous. La misère est un vieux camarade. La question est claire comme de l'eau de roche. Il n'y a pas de séparation plus nette : c'est la pure féodalité. Accepterons-nous longtemps encore d'assister à ce spectacle de leur indignité doublé du spectacle de leur impunité ? Tous, soyons les militants de notre foi.

Le marché résonne ; on a dressé une tribune au fond, du côté du sentier et de l'abattoir. Toutes les maisons des ruelles voisines sont ouvertes, les femmes sont aux balcons, il n'y a plus une place dans les rues. C'est une houle énorme et dense, et si l'électricité n'a pu être amenée jusqu'au marché, par contre les flambeaux sont nombreux. Sueur. Lueurs. Minuit des ovations.

L'orateur du parti des propriétaires s'explique. La raison commande. Quelle politique d'aventure vient-on nous proposer ? La seule fierté du pays, que personne ne pourra lui arracher, c'est la fidélité. Soyons fidèles à ceux qui sont venus avant nous, il y a là-bas des hommes dignes, instruits, honnêtes et sérieux, non pas des aventuriers sans cervelle ni des voyous à la solde de n'importe qui. C'est la Patrie éternelle. Nous sommes ses fils. Comment pourrions-nous vivre seuls ? Et combien n'a-t-elle pas fait pour nous ? Bien sûr, l'œuvre est inachevée, nul ne peut le nier, mais qui prétend que les justes doléances du peuple ne seront pas entendues, dans la justice et la raison ? C'est pourquoi l'orateur lui-même, mandaté par son parti, n'hésite pas à lever la voix pour la souffrance du peuple. Oui, citoyens, je viens à vous tenant d'une main le drapeau des revendications sociales, et de l'autre... et de l'autre...

L'énorme mouvement de la foule emporte l'homme. Il est arraché de la table, porté, lancé sur les têtes, il se retrouve près du canal, sans un accroc, sans une égratignure. Les hommes lui tapent sur l'épaule en riant. C'est un seul éclat de rire tout au long de la rue. Second orateur du parti du peuple.

Ce n'est pas juste d'envoyer ainsi notre concitoyen près du canal. Mais sans doute avait-il besoin d'un bain.

Le rire déferle. La nuit éclate. Les flambeaux claquent et tournoient.

Soyons sérieux. On a dit ce soir dans tous les détails le malheur de notre peuple. Sous-alimentation. Salaires de famine. La canne qui dévore. L'absence de débouchés. Rien. Aucune lumière. Aussi bien, dans sa souffrance, notre peuple a donné un nouveau contenu, *son* contenu, au mot de Liberté. Nous voulons, avec les peuples nos voisins, combattre l'aridité séculaire de notre condition. Nous voulons la lumière, nous voulons l'ouverture, la passe. Ce pays est beau. Ils ont étendu sur nos terres le manteau de la mort. Ils ont tué, voici dix ans, le meilleur de nos défenseurs, le plus capable de nos frères. C'est ainsi qu'ils pouvaient agir dans le temps. Aujourd'hui le peuple se réveille, comme Lazare il sort du tombeau. Mais il n'y a plus de miracle. Il n'y aura plus que la vigilance et le combat.

Les flambeaux hèlent. La foule monte au plus haut du cri.

Le président de séance lit une déclaration finale. Sueur. Splendeur de la nuit chaude. Pablo et Gilles, et Luc et Michel. Exaltation.

– Mathieu regrettera, oui !

– Tu as vu les barreaux du marché, crie Pablo. Vingt centimètres, à l'aise. Je ne sais pas comment il a fait, le porteur de drapeau. Je ne sais pas quel feu il avait au fond de train, mais il a passé à travers !

Michel ne dit rien. Toute la soirée il est resté sur une table, il a regardé. Il s'est empli de ce mouvement, pensant à eux, les apprentis, pensant à ces routes qu'ils suivent secrètement et qui devront un jour recouper la grande route, se fondre dans le mouvement commun. Il a vu dans la nuit la couverture épaisse de la chaleur. Quels cataclysmes, quelles contractions de feu – d'où surgiront les nouvelles figures de l'homme, ses plaines assurées, ses montagnes d'ombres – se préparent dans la chaleur ? Quels désastres, quels bonheurs, dans cet humble travail d'un peuple ? Quelles souffrances encore, après l'abrutissement et le sang de la naissance ?

Il ne dit rien. Mais il a vu pour la première fois toutes les chances de l'avenir : fastes et néfastes. Et quand ils

140

se retrouvent tous devant la maison de Pablo – perdus dans la nuit, et commentant encore les discours, et ils sont de pures voix, seulement des voix qui surgissent du néant, des voix en cercle autour d'un foyer qu'ils ne peuvent voir, eux les aveugles, les fruits de la nuit familière – Michel à ce moment étendu dans l'herbe du jardin a encore tout cela dans les yeux : le mouvement inapaisé, les fleurs de fumées, la houle des têtes, la force, et aussi, oui, même le roulis des rires et le fracas des acclamations.)

XI

Quatre mouvements. Quatre chemins.

Vers l'ouest Mathieu, que suit Alphonse Tigamba.

Vers l'est Thaël et Garin au long de la rivière, mais c'est la mer qu'ils cherchent.

Vers le nord Valérie attirée par les montagnes ; Pablo la surveille (il ne sait pourquoi).

Vers le sud enfin Margarita et Gilles s'interrogent.

Quatre sillons dans la rumeur. Et une fixation, une stagnation têtue, un pouvoir de combattre, de demeurer : Luc et Michel qui ne quittent pas la ville. Rose des vents, brassée de forces, soudain écartelés. Quatre mouvements. Mais une seule floraison souterraine, un vent qui se combat et par soi-même contrarié trouve dans son contraire l'unique sens de son cri. Une racine acharnée qui, dans sa prolifération même se barre et multiple doit se vaincre avant de pousser franc, à travers roches et sables, vers la terre meuble qui l'appelle.

Mathieu siffle et s'amuse : les élections approchent, et il faut croire que l'affaire ne se présente pas mal, tout est décidé. Et il a décidé, lui Mathieu. Il cherche Mycéa, alors la terre lui sourit. Il est lourd d'une allégresse terrible, avec parfois (quand il pense que Mycéa pourrait peut-être le repousser, l'insulter, le maudire à jamais) un serrement de tout son corps qui le fait soudain si léger qu'il s'arrête là, incapable d'avancer plus loin. Il s'assied sur la terre rouge. Puis il repart, et de nouveau la joie pèse en lui. Il croit sentir comme un grand espace là-bas, et il n'a qu'un pas à faire pour y entrer (mais aussi une infinité de pas). C'est l'espace d'amour, si proche et si lointain, qui fait corps avec lui et ensemble l'appelle tel un aimant... Au détour d'un chemin, Mathieu rencontre un vieil homme.

– Bonne vie, papa Longoué ! Que faites-vous par ici, tellement loin de chez vous ?

– Bonne vie, monsieur Mathieu. Je suis allé du nord à l'ouest, et c'était pour les arrêter. Mais rien ne peut les arrêter.

– Et qui donc ?

– Le jeune homme. J'avais averti la jeune petite fille, il y a du danger au bout !

– Je ne sais même pas de quoi vous parlez, papa Longoué !

– Tu le sais, monsieur Mathieu, tu le sais...

Oui, plus rien ne peut arrêter Thaël et Garin. Ils achèvent de parcourir la deuxième boucle ; Garin ne prend des notes que de loin en loin, car les terres ne sont, au début de la troisième boucle, celle qui mène à la mer, qu'un étalage d'eau couvert d'herbes épaisses. Rien de distinct. Ni le lit de la rivière, ni les routes de boue.

Et Valérie ne voit rien de discernable dans la masse des montagnes au-dessus d'elle (car elle a avancé presque jusqu'au pont d'eau, attirée malgré elle par le monde de Thaël, et elle lève la tête vers la végétation sombre des versants, oubliant les prairies, la rivière – qui n'est qu'un affluent de la Lézarde –, oubliant les remblais familiers avec les sillons noirs des canalisations), elle s'interroge face aux ombres immenses.

– Pourrai-je vivre là-dedans ? Car c'est sûr il voudra remonter, avec tout ce silence qui est en lui. Il a beau dire : « La terre, la terre », c'est la montagne qui est en lui. Et moi je ne pourrai peut-être pas supporter tous ces grands arbres avec les lianes et la nuit. Valérie, Valérie, l'aimes-tu assez pour cela ?

– Non ! je ne l'aime pas ! crie Margarita. Je suis inquiète, c'est tout !

Elle s'arrache de Gilles, comme une branche furieuse. Secouée par le vent des mots. Lui : un arbre épais et dur, qui vit enfin dans sa colère.

– Tu l'aimes encore. Tu es allée voir Alphonse. Maintenant tu pleures...

– Gilles, ne crois pas cela !

– Tu pleures quand Mathieu est parti. Tu sais qu'il va vers l'ouest. Tu sais qu'il va voir Mycéa !

– Je ne sais pas où elle est...

– Elle est par là, ça se sent, non ?

– Je ne sais rien, papa Longoué, je vais voir Mycéa... c'est elle que je sais.

– Il y a la nuit, monsieur Mathieu. Toi, tu fais la lumière dans la nuit ! Papa Longoué sait, il sait. J'ai dit à la petite : « Prends garde aux chiens », et je lui ai dit : « Il y a la mer, le danger... »

– Mais pourquoi les chiens ? Je ne comprends pas.

– Pourquoi les chiens, papa Longoué ? Si Thaël est avec moi, je ne crains rien. Je dirai : « C'est moi Valérie », et ils se coucheront à mes pieds. Je les emmènerai partout, ils me protégeront. Comment sont-ils, je me demande ? Et Thaël ne m'a même pas dit leurs noms. Pourrai-je monter là-haut, et si les chiens courent après moi, et si Thaël me dit : « Débrouille-toi », il ne le dira pas, Thaël, tu ne le diras pas, j'ai vu tes yeux au loin sur tout, regarde-moi, Valérie, je suis là, tu oublies, tu oublies, et peut-être c'est l'amour, comme ça au loin, Thaël...

– Et j'ai dit aussi : « Il y a la mer... » Avant, tout un chemin d'eau, tout gris, tout vivant...

– Ça, c'est la Lézarde, dit Mathieu.

– Peut-être qu'aussi, peut-être que pas... Écoute, les chiens c'est pour après, on peut prévoir, mais la mer c'est maintenant, papa Longoué a essayé de battre la mer. Qui peut ?

– Personne, papa, personne.

– Ne fais pas la plaisanterie. La mer est forte.

– Oui, murmure Mathieu, *ils l'ont jeté à la mer, parce qu'il défendait son pays. La mer n'a pas oublié le crime. Ils l'ont lié sur une tôle, et ils l'ont jeté. Mais l'eau a rendu le corps, pour que nous sachions...*

– Je n'entends pas, monsieur Mathieu, ah ! la vue baisse, l'entendement aussi...

– La mer ! crie Luc (mais ils sont près des grilles du square, Luc et Michel, attendant que rentrent ceux qui sont partis, vers où ? – ils se demandent), j'en ai jusqu'à la cervelle, de la mer !

– Tu te noies ?

– Depuis je ne sais combien de temps on dirait que la bête de la folie a passé par ici. Que fait Mathieu ? Bientôt les élections, tant de choses à finir, monsieur part dans l'amour, comme s'il n'avait pas le temps, plus tard.

– Il a le droit. Il a plus fait que nous tous ensemble. D'ailleurs tout est fini, quelques jours à attendre, il a le droit.

– J'en ai fini, papa Longoué, hurle Mathieu. C'est fini pour moi !

– La tristesse, dit le vieil homme.

– La joie, dit Mathieu. Tu n'as pas vu la joie, ho ? Elle est là, maintenant. Vois, partout. Clair et limpide. J'ai renoncé, papa. Je vais vivre tout tranquille, la nuit-le jour. Mathieu ce sera Mathieu. N'allez pas plus loin ! Un homme, une femme. Ensemble.

– J'ai passé le cap, monsieur Mathieu. Moi j'habite les ombres, comme un pauvre.

– J'en ai assez de vos ombres ! Les gens meurent de faim, mangent-ils des ombres ? Le fruit à pain bleu, c'est une ombre ? Le sel d'eau de mer, c'est l'ombre ? Le manioc à l'eau, c'est l'ombre ? Assez d'ombres maintenant ! Levez la tête. Regardez. Pas une ombre. Nulle part. Où ? Se battre, il faut se battre !...

– Silence, la jeunesse. Ce que tu ne connais pas est plus grand que toi ! Écoutez celui qui a la parole : « Ce qui est dit est dit ! »

Et Gilles, comme un arbre misérable mais tenace qu'un vent peu à peu bouleverse, Gilles debout immobile (ayant déjà consenti à sa défaite) doucement parle.

– Bien. Si tu veux pleurer tranquille, je pars. Si tu veux vivre seule, je pars. Tu vivras seule. Tout sera perdu, nous aurons fait tout ce travail pour rien. Chacun partira, l'amitié sera basse, le souvenir éteint. Que pouvons-nous faire pour cela ?

Gilles se détourne, il repart vers la ville, caressant les feuilles....

(Mycéa cependant, seule dans ce mouvement, se tient loin des routes. Elle chante :

Petit citron disait : écrivez-moi
Feuille de citron : rendez la réponse,

car les plus humbles chansons viennent au cœur, lorsque la terre est vide.)

– Et j'ai voulu les arrêter, monsieur Mathieu. J'ai fait l'incendie, j'ai fait le chien, je suis trop faible. Des flammes jusqu'au firmament, la plus grosse bête que je pouvais. Ils n'ont pas peur du feu, ils n'ont pas peur du chien. Le jeune homme est brave, je te le dis.

– Je ne sais pas, non, papa Longoué. A vous revoir !
Je monte.

– Certainement, certainement...

Mathieu continue sans allégresse ni serrement du
corps. Il a la certitude. Alphonse Tigamba qui le suit
s'arrête à son tour près du vieil homme.

Et Thaël dit : « Ce sont les autres qui finiront le travail... »

– Quels autres ? (Garin rit.)

– Michel, Luc, Gilles, Pablo surtout. Tout après, ils
auront le bénéfice. Ils sont calmes, tranquilles. Ah ! ils
ont raison. Ils réfléchissent, là, et ils disent : que faut-il
à ce pays ? Moi je dis : le passé, la profondeur, l'usage
de la terre ; Mathieu dit : la connaissance, l'expression,
la voix ! Alors les autres ne disent rien, mais ils travaillent, ils auront tout : la terre et la voix ! C'est ainsi
qu'ils entreront dans le monde, ils sont paisibles...

– Tu me dépasses, dit Garin...

– Oui, j'irai ! Je l'aime assez pour cela. J'irai, Thaël,
j'irai. Avec toi, avec toi !

– Avec qui ? s'écrie Pablo.

Il s'est décidé à se montrer, et Valérie a crié si fort
qu'il a eu peur, vraiment.

– Tu me surveilles ?

– Je marche. Par ici, par là-bas.

– Pablo, non ?

– Pablo.

– J'irai là-haut, tu vois, là.

– Oui, je sais. Mais il faut rentrer. Ta maison est tout
à fait de l'autre côté.

– Pablo, c'est terrible.

– Quand ça vous attrape...

– Toi ?

– Non, non ! Je suis tranquille.

Ils rentrent doucement, vers la ville.

Et Margarita court, elle arrive près de Gilles, elle lui prend le cou, ils rentrent doucement...

– Et que lui as-tu dit, Papa Longoué ? demande Tigamba.

– J'ai dit, il y a les chiens, mais avant il y a la mer, du danger...

– Du danger près de la mer ?

– Oui, monsieur Tigamba.

– Un jeune homme, avec un autre ?

– Rien ne peut les arrêter. Rien ne peut !

Tigamba hésite. Thaël ou Mathieu ? Il choisit Mathieu. *J'aurai le temps de revenir...*

Il repart, il court, et papa Longoué murmure : « Un si bon si jeune garçon, dans la police !... »

– Bêtises ! crie Garin. Celui qui a l'argent, tu le salues. Celui qui paie, tu le brosses. Il n'y a rien après !

– Rien, moi Luc, je dis rien ! Comme si on ne voyait pas la mer, depuis des siècles ! Passer une barre à la nage, qu'est-ce que c'est ?... Bêtises, bêtises !... Où sont-ils ? Que font-ils ?...

– Ne t'échauffe pas. Bientôt tout sera fini. S'ils veulent passer la barre, pourquoi pas ? Nous viderons des quarts à leur santé ! Nous irons, tranquilles. C'est Michel qui te le dit. Oui, bientôt, nous retrouverons la mer...

Comme une racine, comme un vent, qui, à la fin, se dénouent.

XII

Celui qui découvre la mer a soudain un goût de pain noir dans la bouche. Il veut aussitôt boire un lait de fruit, comme si l'eau rêche l'avait déjà rempli de moiteurs. Pourtant celui-là, dans le même moment, tend vers la mer et la salaison, et un grand vent lui bat au cœur, il se sent non défaillir mais porter sur la nappe d'eau, planer vers le large, dans l'air qui tremble. Et l'envie ne lui vient que plus doucement encore d'entrer dans la mer chaude. Il méconnaît cette force s'il veut s'y planter d'un seul coup (vorace, corps tremblant, âme défaite) ou s'il y va benoît (de l'eau jusqu'aux genoux : presque rien). Mais qu'il progresse lentement vers elle, avec douceur et patience, parfois des ruses : il accomplit alors la vraie offrande au bleu, le seul sacrifice que la vague agrée ! Thaël et Garin depuis longtemps ont deviné la mer : ils en ont respiré le lourd parfum quand ils ont longé les marécages : le remugle oppressant des boues et des crabes de terre, jaunes et rouges, et des mantous, ces crabes velus, noirs et violets, qui semblent des vieillards. Ils en ont entendu l'appel, le chuintement de la mer étale, sans cri ni marée. Ils ont traversé le bras d'un marigot dont l'eau pure et glacée ne se rattache qu'à l'étendue chaude et salée. Ils ont de place en place connu sous leurs pieds ces effritements de la terre qui préparent à la présence du sable. Mais ils retardent savamment l'heure de déboucher en plein sur la plage, avec le miroitement qui enivre et l'air qui s'ouvre d'un seul ahan. Ils rôdent, complices, derrière l'écran de cocotiers ; avançant hardiment lorsque le champ paraît vaste au-devant de l'eau, marchant longtemps sur les feuilles sèches, au long du rivage qu'ils devinent, mais reculant vers l'intérieur des terres quand ils rencontrent un mancenillier aux branches torturées, avant-coureur des fresques de raisins de mer mêlées aux cocotiers et qui font à l'eau verte et bleue une parure de fruits.

Celui qui découvre la mer sait qu'il n'est plus un fleuve (l'âme qui coule sans retour : bondissant d'écueil en barrage, glissant sur la trame des jours, s'attardant aux beautés), mais une nappe, un plan immobile, une patience, le temps fini, l'espace éteint dans sa propre grandeur. Celui-là pesamment se couche près de l'eau, et s'il est triste c'est peut-être à cause des oiseaux dans le ciel, malfinis, cayalis, ailes muettes et lointaines. Ici meurt le fleuve, dans les boues et l'odeur fétide. Plus rien n'avance, sinon le sable qu'on voit au loin marcher dans le soleil. Ici, le temps patient vous guette, rien ne peut qu'il ne vous mène. Où ? Vers la mer sans achèvement.

Garin s'attarde aux derniers gestes de la Lézarde. Il goûte l'eau, criant : « Elle est encore douce », et il mesure, il suppute. Il ausculte le fleuve agonisant. Là, un bras d'eau atteint encore quatre mètres (presque une mare) ; ici, la boue venue des terres aménage dans la terre même une crique ; plus loin, les herbes dures, à leur tour, font comme un fleuve qui vient donner dans les premiers remparts de sable, coutelas vert et jaune dans la chair blanche. Toute la courbe du rivage a avalé la Lézarde, en a pétri un emplâtre de verdures et de boues. Garin jubile : bon, très bon. On ne pourra jamais récupérer cette terre. Il caresse les feuilles, il enfonce dans les trous d'eau, il fait gicler la boue.

– C'est fini ! Plus rien, plus rien ! Depuis la maison jusqu'au sable, j'ai vu. Les belles routes, les beaux chemins qui vont passer. Ce qui passe ne demeure pas. L'oiseau volant n'est pas bœuf. La fourmi noire amasse, la fourmi rouge pique. C'est moi Garin l'homme qui fait les routes !

Plus loin, Thaël observe, grave, lent...

Celui qui découvre la mer a cette gravité. Pour autant qu'il connaisse la mer et s'offre sans remords... Mais Thaël pense à l'autre versant de terres, à l'océan qui inlassable frappe, à la ténèbre des roches gardiennes de houles ! Il préférerait l'océan pour ce travail. Le rugissement conviendrait ici. La nuit aussi, qui est refuge et volonté. Le sable est trop limpide, c'est comme une trahison. Il faudrait ici le corps tourmenté des falaises. Mer, mer, pourquoi m'as-tu choisi ? Ta douceur me dénonce, ton repos m'accuse. Balancement. Mots étales, qu'agite la brise. Cette gravité est née du regret, non pas de l'assurance. Celui qui découvre la mer doit être pur de tout travail !

Enfin, ils marchent vers l'eau. Bientôt, le sable glisse dans les sandales de Thaël. Garin enlève ses bottes. Ils sont alourdis par le sel de la terre. Ils vont droit, pesants, deux masses de fatalité. Mais Garin se retourne brusquement, Thaël bondit. C'est pour jouer.

– Prenons une barque, dit l'officier, j'ai toujours eu envie de passer cette barre. Sais-tu nager ?

– Oui. Et vous ?

– Comme ça, comme ça. Allons.

Ils choisissent une barque ; alors Garin murmure : « Tu vois, c'est ton premier délit, on se ressemble, non ? »

Ils poussent, à même le sable. Un grand sillon, avec

la couture en son milieu et les éclaboussures sur les bords. La Lézarde. Ils balancent l'embarcation sur la première vague : Thaël est à l'arrière, Garin rame. Alors, un homme apparaît sur la plage et les observe de loin. Garin l'insulte. Le fleuve a joué, c'est au tour de la mer. La Lézarde. La mer. Une histoire inévitable.

Thaël contemple l'étendue, il voit encore la tache jaune que fait à l'est l'embouchure de la rivière.

— Maintenant tu as perdu la rivière, dit-il. Tu ne pourras plus voler, terroriser, tuer. En vérité, Garin, tu renonceras. Je connais tes plans, j'ai tout entendu ce soir-là, dans la maison. Avant que tu aies pu bouger, j'aurai annoncé la nouvelle. Tu n'oseras jamais.

— Non seulement voleur, mais petit espion, murmure Garin.

Il balance les rames avec force et maladresse. Thaël attend.

— Ce n'est pas une rivière, c'est un fleuve... Je dis que c'est un fleuve... Un petit fleuve, mais quand même... Vous devriez être contents !... Moi, Garin, je certifie que votre filet de boue... est un fleuve.

— Renonce, Garin. En vérité, renonce.

— Je croyais que tu voulais me tuer ?

Thaël attend.

— Je croyais que tu étais un de ces petits bonshommes... qui pensent tout connaître, et qui... comment dites-vous déjà... qui sèment pour récolter... le vrai bonheur ?

Thaël attend.

— Mais vous ne l'aurez pas... votre terre !... Votre pourriture de terre... Elle est là, dans ma poche... Mise en morceaux !... Débitée !... Qui a dit que je n'oserais pas ?... Toi ?... Regarde... regarde... la barre !..

Le mur violet des eaux, la cravache blanche dans leurs transparences, la haute falaise sans nid, et cette barque (une yole) sur le rempart, tout ce silence dans l'âme, l'assaut et l'immobilité, la douve énorme sur l'autre versant, et la mer qui dans sa balance prend la vie de l'un et la mort de l'autre ! Regarde. Regarde encore. L'eau qui transperce. Les yeux avides. La flèche et l'arc, et l'archer lui-même ! Garin crie (tout son corps pèse contre la muraille, il veut passer la barre, il veut rire au soleil de l'autre côté, il veut narguer Thaël, il nargue la mer où toute œuvre est niée, il passe, il écume, il injurie la mort étale et ensemble furieuse !) et boute haut les rames vers le ciel, au moment où la barque, sur la plus fragile pointe, déjà se dresse vers le large et la paix du jour. Alors, Thaël se jette sur Garin. « Tu l'as voulu, tu l'as voulu ! » La yole contre la mer, et Thaël contre Garin. Seule l'écume gagne quand la mer livre combat. Il n'y a plus que l'écume, dans un grand nœud de bruit et de clameurs. Tout ce bruit !... *Je ne croyais pas qu'il le ferait...* Toute cette ivresse de gestes, de blancheurs... *Tu m'as obligé, tu m'as forcé...* Tout ce relent d'algues, de bois qui chauffe, de sang amer... *Il ne faut pas que je lâche la barque, si je lâche la barque, tant pis pour les coups, je suis perdu, le crétin, il y aura toujours des Garin, moi Garin !...* Et la seconde, l'unique seconde marquée dans le temps, qui s'étire et se prolonge et pénètre la chair de la mer défiée. La barque balayée, deux hommes nus dans la peur, et les gestes d'automate... *adieu, adieu...* Et cet homme aussi, droit sur la blancheur de la plage, qui surveille sans un cri.

L'eau les sépare enfin, à peine unis. Garin se bat contre l'ivresse bleue, mais il n'est plus déjà qu'ivresse (bras et jambes), délire de mouvement, un cercle épouvanté. Thaël nage (est-ce nager ?) vers l'est, où la rivière oppose à la barre sa puissance souterraine. *C'est arrivé trop vite, je n'ai pas pu l'avoir...* Il ne sait pas que la mer a vaincu Garin. Il nage dans l'air, dans le plomb brûlant, dans le désespoir et la haine, et la pitié et les larmes. L'eau de mer brûle, oui, elle brûle. Où est la rivière, où la Lézarde et la boue ? Valérie nage avec lui, des astres tombent, le ciel, le ciel !... Il roule dans son propre corps (et la mer est en lui, pesante, bruissante, foule ardente sur le marché, avec les fruits précoces, la criée, l'odeur et le grouillement, et l'eau douce de la fontaine), il roule et sent qu'il va mourir, là sur cette table, sur ce grouillis, c'est le sable, c'est le sable tranquille ! Thaël se traîne, opaque, fissuré, insultant et pleurant. La nuit tombe dans son âme, la nuit plus serrée qu'une pierre. Alors, il voit l'homme, au-dessus de lui, qui ne bouge pas, une main tendue vers le large, où bientôt Garin disparaît dans l'écume.

XIII

– Mycéa...

La jeune fille s'arrête : Mathieu est devant elle. L'air ruisselle entre les branches. Il y a un champ de paroka ; odeur de feuille que l'on broie. Il y a un mahogani, épais et dur. Il y a dans la terre le relent de chaleur, et partout la lumière ouverte. Il y a des points d'ombre, où la voix semble buter.

– Mathieu !

(N'osant dire : « Je ne savais pas que tu viendrais. Mais je criais, la nuit, sur la planche avec les toiles de sac, et croyant voir des étoiles, et croyant entendre frapper quand les mangues tombaient sur le toit, je criais, je criais, et voilà, tu es venu... »)

Elle répète : « Mathieu... »

Il n'y a pas de timidité entre eux. Ils se connaissent depuis longtemps. Ils ont fouillé le même corps de soleil, ils respirent la même splendeur, ils savent. Mathieu prend Mycéa dans ses bras, voici qu'il l'élève puissamment vers midi souverain. Ce qui court entre eux, c'est plus que la grâce aiguë du désir, plus que l'ineffable et le grondement, bien plus encore que l'assurance de deux arbres qui auraient joint leurs racines sous la surface et ainsi s'embrasseraient dans la terre, oho ! c'est le charroi de toute la sève, c'est le cri même de la racine, ho ! c'est le geste venu du fond des âges, qu'ont parfait les ancêtres et que voici renaître roide et tendre dans la motte d'ici.

Hé-ho, femme ! Ho, patron ! Rire, délire. Carnaval, force. Arrache, arrache. Je ne vois plus le soleil. Les arbres sont couchés. Le vent, le vent m'emporte. Je suis une feuille, viens. Où sont les forêts, où l'odeur de l'herbe ? Quel est le mot, le mot ? Je ne suis plus que le ciel où tu vas. Je suis le cri. Vraiment, la terre. La terre noire. Perdu la terre. Où ? Quand ? Vraiment j'ai. Noire noire noire...

Elle dit : « Nous sommes mariés. » Les jours qui recommencent.

Lui : « J'étais fou. C'est tout cela ! »

Il montre la campagne, paisible et menacée. Elle comprend. Il rit.

– Nous avons fait du travail, un peu. Des réunions électorales, des livres, par exemple on essaie d'expliquer ce qu'est un syndicat (nous ne le savons pas très bien, as-tu remarqué combien les syndicats sont mal organisés ?), enfin, des choses de ce genre. Bien. Tu sais que je suis assez faible, cette lutte m'épuise. Je bois trop. Pablo pense à toi. Luc tape du poing sur toutes les tables. Je crois qu'il acceptera n'importe quoi, mettons dans dix ans. Il aura une « situation ». Bon. Je tousse un peu. Michel travaille sérieusement ; trop. Nous avons eu des orages sur les mornes. Je suis toujours fiévreux, les mots passent mieux !

– Embrasse-moi. Je croirais que tu fais un rapport.

– Je fais un rapport.

– A l'autorité ?

– A l'autorité supérieure.

– Moi ?

– Toi.

– Embrasse-moi. Il faut dire, tu n'es pas lyrique.

– Le jour approche, j'ai peur... Si nous allions échouer ? Tout ceci pour rien !

– Non, non, la semence est jetée, d'autres viendront après nous, qui seront plus savants, mieux organisés. Je ne crois pas beaucoup à ces élections. Avons-nous choisi de voter ? Sur ce mode-là, précisément ? Non. A dire vrai, je suis contre toute cette politique de bulletins. Et le fond, l'âme, la nécessité ?

– Mycéa, tu n'as pas changé.

Ils voient devant eux la terre qui tombe jusqu'à la route. Mais la route n'est pas visible, elle est comme noyée sous un flot de rames vertes, de houles (il y a des corossoliers, à flanc ; des icaques par endroits – là où le sol est dégarni, où la terre ne tombe pas – et c'est une nappe de brun dans la mer verte), la route n'est qu'un filet de ciel entre deux abîmes. Et plus loin l'amoncellement de crêtes et de fonds, les mornes qui se chevauchent jusqu'au bout, tantôt vert pâle de canne, tantôt sombres, portant la pluie, tantôt rouges, tondus par l'homme, jusqu'au plus loin du regard – et l'horizon n'existe pas, il n'y a pas de limite à cette cascade de sommets, et l'infini (ici plus encore que devant les plaines immenses des atlas) surgit du fond même de l'œil et plane sur le carrousel.

– Thaël est parti.

– Il a trouvé.

– Nous devons redescendre, Mycéa.

– Redescendre ?

– Que je sois à la ville.

– As-tu peur ?

– Tu sais bien que ce n'est pas pour moi, hurle-t-il.

– J'ai peur d'une minute, moi. D'une seule. Oh ! ce sera terrible.

– Toi, Mycéa ?

– Quand je dirai devant les enfants : « Désirée, je dois partir. »

– Et Lomé ?

– Je ne sais pas. Il a mangé dans les champs.

– Tu dois partir.

– Où tu vas, je vais.

– Ainsi soit-il.

Nous ne parlons pas de Margarita ni de Gilles. Pourquoi ? Gilles. Margarita.

Ils voient alors Alphonse Tigamba. L'agent a surgi (on dirait qu'il est sorti de terre), il marche lourdement. Il s'arrête près de Mathieu et de Mycéa, couchés dans l'herbe. Il mâchonne une feuille. Le silence est presque amical ; ils attendent ; puis Alphonse demande, sérieux :

– Lui as-tu parlé de Valérie ?

(Voilà, il l'a dit pour nous...)

– Non, je ne lui ai pas parlé.

– Alors, qu'attends-tu ?

– Que tu t'en ailles.

– Tu veux...

Mais Mathieu est déjà sur Alphonse ! Une prise au cou, l'autre se jette sur le côté, ils roulent, pendant cinq longues minutes ce ne sont que râles, gémissements, cris de bêtes, surdités, brisures et raclements, Mycéa crie. Quand ils arrêtent (et ils se nettoient l'un l'autre avec de larges claques), Mathieu dit : « C'est mon deuxième combat » (pensant : *mais je n'ai pas encore livré le premier*), puis il ajoute : « Je croyais que j'aimais Valérie. »

Mycéa murmure : « Est-ce elle qui t'a envoyé ? »

– Oui. Elle m'a dit où tu étais. Sans elle je ne serais pas venu.

– Assez, dit Alphonse Tigamba. Tel que tu le vois, Mycéa, c'est un homme. Bien entendu, j'aurais pu le battre, il ne sait pas. Mais ce qu'il vient de dire là, c'est quelque chose. Tu es heureuse, oui.

Tout aussi vite, Alphonse s'en va, il disparaît à un tournant ; ils attendent qu'il ait reparu. Cela dure. Disparu, réapparu. Ils sourient : c'est un ami, Tigamba. On croirait qu'il est très loin, mais les détours sont nombreux et la route descend plus qu'elle n'avance. Alphonse est là, au-dessous d'eux, à six mètres. Il cueille et mange quelque chose. « A la prochaine », crient-ils ; et il se retourne, fait de grands gestes. Ils ont l'impression que s'il s'agite de trop les mornes pressés l'un contre l'autre vont basculer sur lui. C'est le maître du carrousel. Midi tonnant. *Comment comprendre cet homme ? Il vient, il pose des questions. Réponses. Il repart. Il est content parce que je t'aime et que tu m'aimes. Comment comprendre ?...* Et parce qu'il sent qu'Alphonse va disparaître pour la dernière fois, et peut-être parce qu'il a aussi tout un remuement de faiblesses en lui (les larmes impossibles, le cœur sans limites, toute la gratitude et la tendresse déboulées), Mathieu crie : « Et où vas-tu, maintenant ? »

– Oui, je prends par la mer ! hèle l'agent Alphonse Tigamba.

XIV

Alors Thaël se redresse. Tout est en ordre, les forces éparses maintenant se rassembleront. *La mer fut complice du mal, qu'elle soit complice du bien !* A genoux sur le sable, Thaël égaré tente de réunir, d'expliquer. Des mains sont tendues vers lui, on l'aide, on le voit, on admire sa force, et qu'il ait vaincu la barre. Il comprend qu'il est entré dans la vie, non pas un héros, mais un homme que le destin a épargné. On lui prête attention. Une foule déjà l'entoure quand l'agent de police arrive... Tigamba voit que tout est accompli. Amertume étrange. Il prend son carnet *(quelle dérision...)*, il écarte les pêcheurs ; le voici face à Thaël.

– Que s'est-il passé ?

– Nous avions pris une yole, mon camarade voulait franchir la barre. On a renversé, il n'est pas revenu.

Sécheresse des mots. *Tu l'as tué, mais qu'y faire ? Prends garde, réponds avec justesse, cet homme était puissant...* Il dit :

– Comment s'appelait votre ami ?

– Garin. Je l'avais rencontré, je l'aidais : il voulait examiner les terres en bordure de la rivière. Un projet officiel.

– Et quel est votre nom ?

– Raphaël Targin.

Raphaël Targin, et non plus Thaël.

– Quel est votre âge ?

– Dix-huit ans.

– Que faites-vous ?

– J'élève des bêtes.

– Où ?

– Dans les hauteurs de *Pays-Mêlés*.

– Connaissiez-vous M. Garin depuis longtemps ?

– Non. Il voulait m'employer, c'est tout.

Que puis-je encore demander ? A quoi sert tout ceci ?

– Comment vivez-vous ?

– J'avais des économies. Je suis venu à la ville. Je voulais acheter des bêtes.

– Quelles bêtes ?

– Des moutons, une vache.

– A qui ?

– On m'avait parlé d'un homme qui disposait de quelques têtes.

– Qui ?

– M. Reino.

– L'avez-vous vu ?

– Non. J'attends qu'il revienne. Il est parti pour ses affaires.

Il est perdu, il est perdu, j'atteste que ce n'est pas par ma faute !

– Depuis quand accompagnez-vous M. Garin ?

– Depuis trois jours.

Trois jours.

– Vous étiez donc vraiment amis ?

– Il voulait m'employer.

– Savez-vous qui était M. Garin ?

– Non. Quelque chose dans le gouvernement. Je l'entendais parler de projets, de mesures...

– Il se confiait à vous ?

– Oui. Mais je ne comprenais pas tout.

161

Tu es habile, tu es jeune. Mais cela ne suffit pas.
Cela ne suffit pas.

– Venez avec moi. On vérifiera. Mais je vous avertis, nul ne croira cette histoire.

Alors, une voix déclare : « Il y a un témoin. J'ai tout vu, j'ai tout entendu. » C'est l'homme solitaire que Garin a insulté.

– Qui êtes-vous ?

– Mon nom, c'est Alcide Lomé.

– Lomé.

– Oui.

– Mais je vous connais.

– Oui, monsieur Tigamba.

– Monsieur l'agent.

– Monsieur l'agent.

– Alors ?

– Ils ont emprunté une barque, ils voulaient passer la barre, ils ont renversé. Celui que vous appelez M. Garin n'a pu revenir. Inutile d'aller le chercher, la mer roule, on jette une planche ici, on la retrouve à dix kilomètres, monsieur l'agent.

– Je sais, je sais. Connaissiez-vous une de ces personnes ?

– Non, monsieur l'agent.

– Que faisiez-vous ici ?

– Je venais voir mon compère Célestin. Je profite du samedi après-midi. Mon compère me donne du poisson, je lui offre quelques légumes, monsieur l'agent.

– L'avez-vous vu ?

– Non, monsieur l'agent.

– Où sont les légumes ?

– Là, sous le troisième cocotier, monsieur l'agent.

– Célestin est-il ici ?

– Célestin est ici, monsieur l'agent.

– Confirmez-vous ce que dit Lomé ?

162

– Mon compère Lomé dit vrai, monsieur l'agent.

– Venait-il régulièrement vous voir ?

– Oui, monsieur l'agent.

– Quand est-il venu pour la dernière fois ?

– Samedi-il-y-a-huit-jours, monsieur l'agent.

La foule s'amuse. Monsieur l'agent est minutieux. Un accident est un accident, voyons, monsieur l'agent. Tigamba range son carnet. *Ce n'est pas par ma faute, j'ai tout fait pour l'avoir, mais il y a des témoins, ce n'est pas moi, c'est normal, on ne peut rien dire, même si je tiens compte de Margarita, il n'y a pas moyen de l'accuser. Jusqu'au bout, jusqu'au bout j'aurai bu le verre, tout le fond, je suis consentant !...* Une amertume innombrable.

« C'est bon, dit-il à Thaël, vous serez convoqué. » Puis il se tourne vers les pêcheurs : « Essayez donc de faire quelque chose, même si c'est inutile ! » Ils bougent lentement, une barque est tirée (on connaît Garin. Un assassin).

La mer semble satisfaite. On croirait que la barre est éteinte (pour la première fois depuis que ce rivage existe), comme si la mort de celui-ci précisément l'a comblée. Qui peut dire ce que fut Garin à son dernier moment ? Qui peut dire s'il n'a pas été, lui aussi, toute une mer bleue qui se boit et s'apaise ? Alphonse Tigamba fait un vague signe vers la barre éternelle, cependant qu'Alcide Lomé déclare encore, devant un auditoire de femmes :

– J'ai tout vu, j'ai tout entendu. Oui, monsieur l'agent ! Je venais voir mon compère Célestin. Tous les samedis, oui, monsieur l'agent... Je suis témoin oculaire et auriculaire !...

Les femmes et les enfants regardent, fascinés, la barre torturée et ensemble immobile. Le sable, la mer, le vent et les cocotiers se sont figés dans l'étincellement. Et, sur la fixité torride, l'agitation des pêcheurs est un mouvant fermoir de dérision. Ils pagayent avec grand bruit, comme pour essayer de conjurer la mort.

XV

Alors, toute la fatigue s'abat sur Thaël...

Lentement, lentement, il revient vers la ville. La plaine. Les marécages. L'usine. Le pont plat. « Oui, les sangsues, le bain du matin, mensonges, mensonges ! » Thaël entre dans la ville. Il n'y a plus de mystères. Tout est calme, endormi. Une palpitation lente. Thaël maudit cette monotonie qui endort. Il a oublié la montagne, et le sang de la terre. Lentement, lentement. Il les voit près du square, il ne s'arrête pas : Mathieu, Mycéa (ho ! Mycéa), les autres. C'est l'heure étouffante, la ville est morte, elle ne sait pas. Les persiennes sont closes. Leur misérable sieste.

Le jeune homme continue, les autres le suivent de très loin. Un étrange défilé dans les rues désertes. Comme si Thaël ouvrait un chemin dans la chaleur. Ils se retrouvent ainsi chez Mycéa. « Voilà, dit Thaël, j'ai mis le prix. »

Ils sont dans la première pièce, bien close. Mais le soleil perce à travers les volets, faisant dans l'ombre un doux éclat, comme un bruit qui s'achève.

– C'est un accident, répète Mathieu, nul ne saura jamais.

– Tout le monde sait ! Tigamba sait, oui, je l'ai vu dans ses yeux ! Lomé sait, il a témoigné pour moi. Les hommes sur la plage savaient !

– Non ! Cette fois il n'y aura pas de conte. L'histoire est simple : un accident. Nous devions le faire. Toi.

Il n'y aura plus de contes ; seulement l'application de chaque jour ; oublions ces histoires d'un autre âge... Une voix d'homme au loin soudain crie ; ils écoutent dans le silence un écho possible ; et ils souhaitent entendre à nouveau cette voix. Mycéa demande : « Comment les chiens mangent-ils ? » – « Un voisin », répond Thaël ; et Mathieu hurle : « Mycéa ! » Ils voudraient tous parler, ils voudraient du bruit, des gestes, des rumeurs épaisses. « Pourquoi, murmure encore Thaël, pourquoi a-t-il voulu prendre cette barque ? » Mais il n'y a que l'éclat silencieux du soleil, dans cette nuit de la maison. ALORS, le corps de Garin flotte, et dérive sur la mer crue.

III

L'ÉLECTION

« Et le conte dit qu'ils connurent le vaste monde, et que le monde était en eux... »

I

C'était un samedi, jour de tribunal. Le juge Parel avait houspillé sa femme, ses enfants, toute la maisonnée. Il détestait ces séances insipides, une matinée entière perdue à départager des compères ignares, plus rusés les uns que les autres. Le juge aboyait : « Alors, tu ne savais pas qu'une chaîne avec un bœuf au bout ce n'est pas la même chose qu'une corde qu'on trouve comme ça dans la rue de Dieu ? » Le juge distribuait des amendes, sa femme tremblait, les campagnards sortaient innocemment de leurs sacs un poulet ou un lapin, là, au plein milieu de la salle de tribunal, et ils avaient des sourires complices : il est bon, je t'assure, monsieur le juge, je l'ai nourri à l'herbe tendre... Le juge grognait, il criait : « Amélie, emportez ça à la cuisine, cinq francs d'amende, au suivant ! »

Il y avait cette histoire de noyade !... Pourquoi ces gens voulaient-ils toujours aller à la mer, est-ce qu'il y allait, lui, Parel, juge suprême ? On avait alerté tout ce qui se fait de mieux en matière d'autorités. Ordre de savoir à tout prix, de ne pas ménager ce garçon, le Garin était important. Le juge détestait les importants. De quel droit pouvait-on imposer à un juge ses décisions ? Pour un moricaud qui ne savait pas nager ! Des gendarmes, des militaires, toute cette foule, le juge Parel détestait la foule. Rien ne lui plaisait tant qu'une salle déserte, deux bienheureuses petites affaires de larcin pour tout un samedi ; alors, il retroussait sa robe jusqu'aux genoux ou l'enlevait tout à fait, regardant fixement le misérable greffier qui compulsait ses paperasses avec une fébrilité accrue.

Une épaisse chaleur dans la petite salle ; les spectateurs s'écrasaient sur les bancs. Le juge avait fait dégager l'allée centrale, mais il avait fallu garder les fenêtres ouvertes, et les gens s'entassaient encore dans les deux embrasures.

Thaël avait déclaré n'avoir pas besoin d'un avocat, mais on lui en avait assigné un. Sans avocat, le juge se serait senti frustré. Thaël s'étonnait, cette foule qui s'était déplacée, tout ce cérémonial. Le jeune homme n'avait pas peur, il attendait que tout fût terminé. Sa déclaration fit impression par la simplicité du ton, la précision des détails, ce garçon ne pouvait avoir inventé ces choses, il était sincère. Le juge l'interrogea sur les marques de Garin, sur le grand pont d'Ouest et l'offre de gérer la Maison de la Source. Garin avait déclaré savoir nager, mais, certes, il était âgé. Tout était clair. Tigamba déposa à son tour, prudent et neutre. Le juge le félicita. Il y eut un moment d'extrême hilarité quand Célestin et Lomé vinrent à la barre. Ils expliquèrent comment Lomé avait baptisé l'aîné de Célestin, et inversement. Ils étaient trois fois compères, deux fois dans la religion et une fois dans l'amitié. Le juge se fâcha. L'avocat de Thaël n'avait rien à ajouter, il s'en remettait au jugement du tribunal, bien connu pour sa sagesse. Le juge dit quelques mots très secs pour déplorer l'accident qui avait privé le pays d'un homme capable. Ceci tint lieu d'acquittement.

Ce fut un délire d'ovations. On criait : « Vive monsieur le juge », et Parel consentit même à sourire. Thaël fut happé par cette foule débordante, on voulut le forcer à boire, il refusa gentiment. Toute la matinée, jusqu'à l'heure du repas, ce fut une effervescence vraiment extraordinaire. On rencontrait parfois quelques personnages à mine renfrognée, qui de toute évidence se sentaient insultés par l'allégresse commune. Mais nul n'y faisait attention. Les gendarmes s'étaient retirés. Les militaires festoyaient entre eux, ils repartiraient dans l'après-midi. Un clair soleil illuminait les rues de la ville, et les privés ne désemplissaient pas. C'était comme un dimanche d'élection, ou plutôt la répétition générale avant ce jour. Le juge Parel se demandait, à la fin, pourquoi il avait si facilement renvoyé ce jeune homme ; pourtant il opinait encore pour la thèse de l'accident. C'était incroyable que ce jeune garçon ait pu tuer Garin, il fallait beaucoup d'imagination pour inventer cela. Et le Garin avait beau être de son vivant l'allié du juge en quelque sorte, celui-ci ne regrettait nullement sa mort. Il préférait encore tous ces gens qui s'amusaient dans la rue. On pouvait supposer qu'ils prenaient quelque avance sur les plaisirs du lendemain qui était jour de Fête Patronale. Le juge se rassurait ainsi. Oui, ils avaient profité de la circonstance, il fallait considérer cette agitation comme impatience de boire et de crier. Il n'y avait là nulle signification plus grave. Ce peuple est comme un enfant. Ils sont bruyants, mais enfin ils sont gentils. Ils ne pensent pas plus avant. Le juge s'énervait.

– Alors, Amélie, vous engraissez la poule avant de la faire cuire ?

Amélie frappait sur ses casseroles.

J'étais dans les rues, je criais, je courais. J'entrais dans les privés, je cherchais ce héros qui avait échappé à la barre dans des circonstances si extraordinaires. Je voulais connaître Mathieu, ses amis, leur dire que je comprenais (que je comprenais quoi ?), leur faire savoir que j'existais, que j'étais leur camarade, leur frère.

Thaël sortit enfin d'une maison. Il était très grand, sa peau luisait (il avait dû boire à la fin) et la sueur plaquait sa chemise dans le dos et sur la poitrine. Il ressemblait à un charbonnier qui aurait achevé d'abattre un arbre, et dans ses yeux l'éclat du travail. Des yeux qui regardaient les choses avec familiarité. Un air de douceur, une démarche balancée (chaloupée, disait-on), une force sans remords. Du moins, tel il m'apparut en ce jour.

Peu à peu les rues se vidaient, et Thaël put librement descendre vers la place. Il y rencontra enfin Mathieu, Mycéa, Gilles. Ils vinrent tous, près du canal qui bordait la place. Ils ne pensaient pas à manger. Ils ignoraient la chaleur étouffante. Ils s'étaient assis sur la rambarde du pont, devant la route qui remontait vers le Nord. Sous eux, la masse rouille des eaux. Devant eux, la voie ferrée de l'usine qui passait derrière l'abattoir et le cimetière, traversant entre-temps la place, et tellement insolite dans ce décor. Et de l'autre côté de la voie, sur le ciment gris, les minuscules échafaudages de bambous, non encore tressés de feuilles, qui seraient demain les ajoupas de la fête. Ces ossatures de bois vert semblaient fantomatiques dans l'éclat du jour, tristes d'attendre leurs murs de branchages, les tapis rouges et verts, les tables, le rhum et l'odeur d'orgeat, les bougies fichées dans les bouteilles ou les flambeaux fumeux, tout ce qui, dans la nuit prochaine, ferait d'elles autant de niches vivantes, serties dans l'épaisseur nocturne et dans le bruit. Maintenant, squelettes dans le silence de l'après-midi et le rayonnement cru du soleil, elles étaient plus mortes que des ruines.

– Vivement la fête, murmura Mycéa.

A gauche des ajoupas s'élevait la carcasse du cheval

de bois dont les montures carrées n'étaient pas encore rivées aux supports. Une partie du plancher en couronne, non fixée, traînait. Précaution judicieuse si l'on songeait aux clans des enfants attirés par le manège avant même que le dimanche fût arrivé. De même, le mât de cocagne était lamentable, tout nu sans son butin, et mal fixé dans le ciment de la place. Les lendemains de fête sont nostalgiques, mais combien triste et désespérée la place de Fête sous le soleil, quand la fête est pour le lendemain.

J'étais près d'eux, j'avais suivi Thaël.

– Oui, dit Mathieu, c'est malheureux tout ça.

– Oui, malheureux... (J'avais répondu sans y penser : une sorte d'écho.)

Vraiment, le silence tombait lourd du haut de la rue, jusqu'au pont et à la route et au-delà. Ce fut ainsi (par ces deux mots et par ce silence) qu'ils m'acceptèrent parmi eux.

– Bon, dit encore Mathieu, il faut voir si nous avons grandi. Ho, Mycéa ?

– Quelle importance ? Vingt ans, cent ans. Tout est fini, tout commence.

– Tu te rappelles ?

– Je te le dis, tu parlais bien ! Le petit chef des mots.

– Jeunesse, jeunesse...

La chaleur mourait. Des lueurs jouaient sur le canal, et l'odeur des boues épaississait, comme humide à cette heure. Derrière les mangles, le soleil bientôt allumerait un brasier jaune.

Mycéa embrassa Thaël. « Et Valérie ? » Silence. Thaël rit.

– Elle viendra tout à l'heure, vous la connaîtrez, oui.

– Je la connais, assura Pablo.

Tous crièrent : « Moi aussi ! », et ce fut un beau chahut... La nostalgie était brisée, morte la tristesse.

L'après-midi avait passé sans qu'on s'en rendît compte ; des hommes et des femmes, et une nuée d'enfants, allaient d'un ajoupa à l'autre, commentant les installations. Mais ils regardaient le petit groupe de loin, n'osant approcher, à cause de Thaël dont l'aventure impressionnait. La nuit proche réveillait la ville, les fragiles constructions sur la place avaient, dans l'obscurité naissante, trouvé leur signification. Le camion des militaires passa ; ils criaient, ils chantaient, ils hélaient ; sans un geste, on les regarda passer.

– Et bonne nuit ! dit Luc (ou Michel ou Pablo ou Gilles, je ne sais plus) quand le camion eut tourné là-bas, au bout de la ligne droite.

– Ils sont sous le fromager, maintenant. Lomé, ho ! Lomé, fais quelque chose pour eux !

– Lomé, il travaille la terre et il chante le bel air. Tout ce qu'un homme fait. Il n'a rien à voir avec le fromager. Laissez-le.

– C'est toi qui le dis.

– Vous êtes des singes, des vandales, des soubarous ! J'ai vécu chez lui, je le connais.

– Patience... Le voilà qui vient.

Lomé traversait la place, en compagnie de son compère. Ils avaient bu joyeusement.

– Salut, les camarades, cria-t-il. Mon salut au camarade Targin. Mon salut à tous les amis. Camarade Mathieu, pour qui voterons-nous dimanche prochain ? Je dis à mon compère Célestin que voici : Papa, il faut aller prendre consultation auprès de l'instruction et de la jeunesse, car l'instruction c'est l'arme et la jeunesse c'est l'espoir. Et mon compère Célestin que voici ici présent me crie : Tu as raison, marmaille. Aussi vite nous voici, le temps de boire un petit coup, mais attention, petits coups longue durée, la vie est un charme,

174

mais le charme est court ! Aussi bien, je répète : Camarade Mathieu, pour qui voterons-nous ?

– Pour le peuple toujours, non ?

– Qui est le peuple, camarade ?

– Moi, je crois que le peuple c'est notre Représentant, dit Mathieu.

– Moi aussi, monsieur Mathieu !

Tout soudain, Lomé était grave...

– N'oubliez pas, dit-il. N'oubliez pas la misère de votre peuple, car c'est lui qui vous a nourris, même si c'est de fruit à pain chaque jour, même s'il n'y avait pas de viande. Et la misère de votre peuple est grande, oui.

Quel pouvoir en cet homme ? Quelle émotion de vie, quelle puissance de vérité ? Lomé se tut, il méditait. Chacun attendait qu'il reprît son discours.

– La Lézarde a débordé. Quand je suis descendu ce matin, toutes les routes étaient barrées. Jusqu'au genou. Il faut la prudence, la force ne suffit pas. Quand on va dans l'eau de boue, faut assurer le pied. Voilà. Je dis ça pour le plaisir. Si on abat une bête, il reste l'odeur, et l'odeur ça peut donner la fièvre. Méfiance. Ho, camarade Targin ? C'est bon le bain de mer, ho ? Mais après, il vaut mieux se laver dans le marigot. Oui. Vous entrez dans la vie, vous avez le savoir. Pour vous, le travail commence. Nous les vieux, c'est trop tard, il y a bien des belles choses que nous ne verrons pas. Mais on a aidé. Vous ne savez pas, parce que nous sommes sans-la-voix, mais on a aidé, oui. Souvenez-vous.

On sentait que les promeneurs se demandaient ce que Lomé pouvait bien dire avec tant de sérieux. Le canal était rouge. Mathieu et les autres ne voyaient que Lomé.

– Allons, cria-t-il enfin, il vaut mieux donner la voix un bon coup ! C'est demain la fête. Aujourd'hui samedi soir, ça bat à la Bellem. Lomé entre dans la ronde.

Faites place, vous autres. Le maître-case. La rivière débrayée ! A vous revoir, tous ! Compère, il faut partir. Tu vas vers la mer, je prends sur les hauteurs, et la Lézarde a débordé. Salut aux camarades !

Il partit ainsi, entraînant Célestin dans un simulacre de combat. Les passants (secrètement ravis de voir s'achever cette manière de conférence) riaient et criaient : « Bonsoir, Lomé !... » Mathieu dit doucement :

– Nous avons encore à grandir...

Et ils virent (et moi aussi) Valérie qui descendait, vers le canal et les derniers rougeoiements du soleil.

II

Le lendemain, la ville se réveilla au bruit des détonations : le concours de tir au canard avait commencé
de très bonne heure. Les tireurs étaient réunis sur le
pont, fiers et empruntés à la fois avec leurs gros fusils,
et ils se lançaient des défis. On avait disposé sur le
canal, à deux cents mètres, un tonneau flottant amarré
sur les deux rives aux souches solides du marais ; un
canard était lié sur le tonneau, mais de telle manière
qu'il pût rentrer ou relever la tête. L'ingénieur des Travaux publics dirigeait le concours. A la vérité, il n'y
avait pas grand public pour ces exercices de tir. Ceux-là
seuls qui espéraient rapporter un des trois canards mis
en compétition étaient venus, sans cortège d'amis, sans
parents. Ils s'appuyaient, pour tirer, contre la rambarde.
Un guetteur signalait de là-bas les coups qui avaient
fait mouche ; il était prudemment enfoncé dans la boue
et agitait son drapeau d'une manière convenue. J'aimais
ce spectacle pour l'îlot de bruit et d'agitation qu'il faisait dans le silence de la ville, pour la fraîcheur du
matin, et aussi pour les expressions déconfites des
concurrents lorsque aucun d'eux n'avait pu toucher le
canard. Mais ce concours n'était qu'une petite cérémonie pour initiés, en marge de la fête. Il s'écoulait bien
deux heures entre la fin du tir et le commencement réel
de la journée. En somme, c'était la part qu'on accordait

aux maniaques, à ceux qui ne pouvaient consentir à la gaieté commune et dont les instincts auraient peut-être risqué de perturber l'explosion de joies (y introduisant un feu prolongé de division, d'agressivité) : il y avait quelque sagesse dans cette première et si matinale occupation de la journée.

Bientôt, les cloches de l'église annoncèrent sur un rythme de chant populaire la messe du saint patron de la ville. Messe solennelle, et pour une fois les hommes ne restèrent pas sur les marches de l'église à attendre femmes et enfants, ils entrèrent avec un air important, précédés du maire et de toute la municipalité.

Le prêtre parla de ce saint qui était mort sur un gril et qui était le protecteur de la ville ; puis une procession descendit sur la place (on faisait semblant de ne pas voir les ajoupas, ni le cheval de bois, ni le mât de cocagne, mais il y avait déjà les tables de serbi et de baccara avec les tabourets des propriétaires) et regagna l'église par la grande rue. Ensuite, on expédia rapidement la fin de la cérémonie, malgré les efforts du chanoine. Ce n'était pas faute de religion, mais ici encore il apparaissait qu'on faisait simplement la part de ce qui n'était pas la fête, une fois pour toutes. On accordait au culte ses deux pleines heures. Après quoi, chacun pensait à la place où les festivités régneraient. Au sortir de l'église on entendait déjà les battements du tambour du manège, des préludes sourds et prolongés. Mais il y eut encore la cérémonie au monument aux morts, et enfin l'apéritif à la mairie ; tout cela n'était que faux-semblant, prétexte ; même le repas (un festin en ce jour) ne serait pas aussi goûté qu'il aurait dû l'être. Il fallait s'occuper jusqu'à la tombée du soleil, jusqu'à ce moment où la nuit envelopperait les ajoupas, où on allumerait bougies et flambeaux, et où le tourbillon du manège serait accéléré par les ombres d'alentour.

A quatre heures, le tambour et les petits bois de l'orchestre roulèrent régulièrement à l'intérieur du cheval de bois, mais sans frénésie encore. C'était l'heure des petits enfants, les batteurs et ceux qui poussaient à l'intérieur étaient prudents, ils n'avaient pas déchaîné leurs forces. Les parents faisant cercle, surveillaient avec attention ; ils n'auraient pas permis ce déchaînement de bruits, de battements et d'ivresse. Mais à mesure que les enfants quittèrent la place et le manège, l'orchestre précipita ses rythmes, les pousseurs s'exaltèrent. Le manège de bois commençait à vivre de sa vie turbulente et nocturne. On le délaissa pourtant, entre cinq et sept heures, au bénéfice du mât de cocagne où les hommes (luisant de farine et de sable mêlés à l'huile du mât) essayaient d'atteindre le jambon, la poule et les autres victuailles attachées là-haut. Des battements de tambour saluaient chaque tentative ; les préposés au manège se moquaient ainsi avec ostentation (et par pure jalousie) des candidats au mât. L'enthousiasme grandissait, non pas simplement de l'enthousiasme, mais une excitation de plus en plus confondue avec les ombres, de plus en plus sereine dans sa durée, son épaisseur, sa signification. Les premiers cris autour des tables de serbi et de baccara, les premières lueurs, le premier tri de la nuit.

Thaël fut le plus envoûté par la joie générale. Il n'avait jamais vu une fête de ce genre, il apparut que décidément son expérience de la vie se réduisait à la pratique des bêtes et des chiens. Il allait comme une barque démâtée sur une mer nouvelle. Tout le monde le connaissait maintenant, et on tint pour normal qu'il fût toujours dans le groupe de Mathieu : la jeunesse appelle la jeunesse. Nul ne fit (ou ne voulut ou ne prétendit faire) de rapprochement entre Mathieu et Thaël et Garin. De toute manière, la discrétion était ici assurée, personne ne goûtait la justice officielle. Thaël descendit et remonta une dizaine de fois la grande rue. Les pharmaciens, la marchande de tissus, femme étonnée, large, insipide et gentille, le boulanger qu'on ne voyait jamais (il avait peur du soleil et de « l'air fort »), et qui tous profitaient de l'affluence pour avancer leurs affaires, l'observaient tranquillement du fond de leurs commerces, disant : « Il vient de la campagne, cela se sent. » Thaël voulut faire des parties de cheval de bois ; il se fit moquer par ses amis, lesquels savaient que les parties de la nuit seraient plus trépidantes. Au milieu des enfants, il riait et criait. A six heures, il déclara qu'il tenterait sa chance au mât de cocagne. Mycéa s'opposa à ce désir. Luc soupira qu'ils faisaient les imbéciles. Pablo était pour. Il se proposa pour trouver du sable et de la farine. Mathieu riait. Alors, Mycéa se fâcha et dit qu'elle irait chercher Valérie. Thaël abdiqua aussitôt. Par manière de compensation, ils l'amenèrent à une table de serbi (on ne jouait pas encore, mais les propriétaires des tables étaient à leurs postes, sollicitant les passants qui se réservaient, faisant rouler leurs dés sur les trés de bois, et criant : « Onze serbi ! »), et Thaël fut initié à ce jeu, le plus populaire de la contrée. Il gagna, perdit (cinq francs la mise), mais le cœur n'y était pas.

Ils revinrent tous sur le pont du canal, et comme la veille ils contemplèrent la foule et la rue montante devant eux, puis la route derrière, et à droite enfin les éclats du soleil qui disparaissait. Un tortillard de l'usine (un cric) passa lentement, avec des crissements ridicules et assourdissants. Tout le poids de la vie semblait s'être concentré sur ce cric. La fête, pendant deux minutes, fut interrompue. Peut-être cette hideuse et pourtant banale plate-forme sur roues leur fit-elle voir les choses dans leur nudité ? Peut-être qu'alors le réel les assaillit soudain ? En tout cas, ils commencèrent là cet étrange jeu des portraits, où celui qui décrit se peint plus encore qu'il ne définit son modèle. Et pour ce jeu de la réalité (dérobée et ensemble dévoilée par les symboles et par les mots) ils se prirent mutuellement comme motifs, selon un hasard qui était peut-être savant.

Michel :

« Honneur aux dames. Si j'étais sage, je me marierais avec. Elle est comme triste, douce, un peu de pluie. Si le vent monte, elle pleure. Ce n'est pas une rose, quand même c'est une fleur. Mais non. Il faut la voir tous les jours, sans faire de fleurs. Alors on l'aime. »

Ils crièrent tout de suite que c'était Margarita.

Gilles :

« Le feu de ce volcan est la luciole de ta maison ! Prête-moi une lave, je dors dans l'eau trop calme. Oh ! baiser, oh ! tu es une épine ! Tu caresses la joie et tu caresses la colère. Calme-toi, calme-toi. Le feu du volcan rit ; mais l'eau calme chérit le feu ! Le feu est femme, et connaît tout... »

– Misérable ! cria Mycéa. Et si tu veux faire mon portrait, tâche d'être compréhensible. A moi !

Mycéa :

« Quand on sourit, on sourit. Quand on se moque, on murmure. Plus noir que lui, c'est cirage. Je ne prends rien au sérieux, je suis plus sérieux qu'on ne croit. Les pieds nus et pas manant. Sécurité dans la paresse... »

– Ne continue pas, dit Mathieu. J'ai gagné. C'est Pablo.

– Enfin ! soupira Pablo. Mon cher Thaël, voici un exemple sans fin du manque d'objectivité...

Luc :

« Voilà. Ça fait le malin. L'esprit. La science. Il faut remonter la rivière, nul ne peut remonter la rivière. A belle figure, mauvais serment. Quand il parle, il faut écouter. Je multiplie les mots. Le passé est le passé. Ne fouillez pas dans la misère, la misère est à respecter. Ne cherchez pas dans le mystère. Mais il est dans le mystère. Il ne sait pas ce qui est important. Ce qui est important, c'est la lutte des travailleurs. Nous ne sommes pas différents. Mais il est différent. »

– Ce n'est pas Mathieu, dit rageusement Mycéa.

– Oui, répondit Pablo, c'est Mathieu. Amalgamé et corrigé.

– Qui a gagné ?

– Pablo.

– Mycéa.

– Les deux.

– C'est la première fois que nous jouons avec conviction, expliqua Pablo à Thaël. Maintenant, c'est à moi.

Pablo :

« Si je vois une abeille, je ne pense pas au miel. Si je vois une blessure, je ne pense pas au couteau. Si je regarde ma peau, je ne pense pas à mon pays. Si j'ai faim, je ne veux pas crier que j'ai faim. Je suis envieux comme mulet, pâle comme omelette, mais j'ai la conviction. Qui est-ce ? »

Ils sourirent.

– C'est Luc, dit Margarita, c'est Luc... Pablo, ce n'est pas gentil.

On applaudit.

– Tu n'as jamais faim, dit Luc.

Et Mathieu :

« Simple comme le bon jour. Modeste comme le pain franc. Il ne connaît pas sa route, mais il ira le plus loin. »

– Michel.

– Pablo a gagné.

– Trois pour Mycéa, trois pour Pablo, deux pour Margarita et Mathieu, un pour les autres.

– Pablo, je te parie que je gagne.

– Ce n'est pas difficile, maintenant.

– Je gagne ! A toi, Thaël.

Thaël :

« Je cherche dans la douceur. Pourtant, je ne trouve que violence. Je regarde la vie, et la mort me surprend. Pourquoi suis-je si compliqué ? Parce que ma terre l'est aussi. Quand je veux pleurer, les larmes se moquent de moi. Je pousse par le bas, mais le haut est dans les grands vents. Tout est inutile, si on pense. »

– C'est Gilles ?

– Non, c'est lui-même, cria Mycéa, j'ai gagné.

Margarita protesta. « Ce n'est pas juste, c'est mon tour, et il ne reste qu'un seul possible. Enfin... »

– Il reste qui ? demanda Pablo.

– Vas-y, Margarita !!

Margarita :

« La douceur fait le charme, méfiez-vous du bois tendre, il résiste le mieux. Je suis tout près, je souris... » Non, je ne peux pas dire, vous m'embêtez à la fin !

– Bravo, bravo !

– Gilles, c'est Gilles !

– Mycéa vainqueur. Cinq fois trouvé.

– Je le savais.

– Honorer les dames...

Un léger doute... Rester ainsi jusqu'à la fin. Fatigue et désolation.

Mais brusquement la fête reprit ses droits ! Oui, c'était la nuit, et le bruit montait soudain à la tête comme un épais parfum, et le cheval de bois criait sa ruée de bois sec, une cavalcade sur les cailloux de la Lézarde, une volée de riz sur le ciel cru, et par moments les lourds étangs du tambour, la tonne d'eau du tambour qui crevait sur l'épiage crépitant, et on était pris d'un

seul coup (entends ! tambour !), et les pousseurs aha-
naient à l'intérieur du manège, ils touchaient à peine le
sol, ils épaulaient un grand coup pendant un tour, et au
tour d'après, suspendus aux barres de fer, ils se laissaient emporter, au risque de se rompre les os, le patron
criait contre ceux qui se suspendaient plus qu'ils ne
poussaient, cela faisait une deuxième ronde de bruit et
d'agitation aux pieds des chevaux, l'orchestre éclatait
– tac ti tac ti tac tac –, on nageait dans le rythme et le
roulement, on remontait le courant d'énergies et
d'éclats (il y avait à la lettre les initiés qui flottaient
presque sur la couronne de planches mal ajustées, à
contresens du mouvement du manège), et chacun sau-
tait dans la foule à peine la partie terminée, la foule
attendait ce moment, il fallait éviter ceux qui sautaient,
la foule avait comme des gerbes d'écumes, des jaillis-
sements, c'était une ivresse folle alors de courir d'une
table de serbi à l'autre, on attendait l'occasion favora-
ble, la table propice, le moment d'interrompre une série
terrible en pariant contre le joueur (cinq francs qu'il ne
trouve pas le six) ; mais d'où pouvait bien provenir cet
argent qui changeait de mains à une vitesse si vertigi-
neuse ? On criait : « Fais-les rouler, tes os », et après
une série heureuse on se précipitait vers les marchandes
de boudin (il n'y avait que du gros cette nuit-là), et
chacun avait licence de boire autant de rhum qu'il vou-
drait dans la salle du grand privé de la place (mais la
patronne surveillait les mesures de rhum, il ne fallait
pas exagérer sur le coup de pouce), on mangeait des
pistaches en dégustant, ou bien on avalait son verre à
la volée, pour ça le privé était bien (car vraiment les
ajoupas faisaient trop intime, précieux avec leur sura-
bondance de feuillages, de tapis, leurs lampes à pétrole,
précieux et si minuscules, c'était bon pour les vieux,
les compassés, les endimanchés), et maintenant Thaël

s'acharnait à une partie de serbi, il avait gagné quatre fois, il continuait à sortir des sept au premier coup, des onze et des dix-deux-cinq, ses adversaires s'énervaient : « Remue-les, monsieur ! remue-les », Mathieu et Mycéa dansaient au marché couvert, entre les énormes tables de bois et de marbre noirs ; Mathieu était ruisselant de sueur, « Laissons-les, dit Michel, ils ne sont pas près de sortir de là », et nous voilà partis (oui, j'étais avec eux) à nouveau sur la place, Michel s'engagea comme pousseur au cheval de bois pour une heure, et Gilles aussi, ce qui permit à Margarita de faire d'innombrables parties ; je revins vers Thaël qui gagnait toujours, Pablo près de lui criait, hurlait, soupirait encore (« Quand j'ai le courage je n'ai pas l'occasion, quand j'ai l'occasion je n'ai pas le courage »), et Thaël faillit se battre avec un joueur qui voulait sortir son rasoir : « Ce n'est pas possible, il a changé les dés », « Je te dis que non, ils sont à moi, c'est les pareils, je les connais quand même » ; il aurait eu du mal à quitter la table (les joueurs excités réclamant toujours leur revanche), si Valérie soudain apparue n'avait posé la main sur son bras, l'entraînant ailleurs (vers le marché où l'on dansait), et les joueurs n'osèrent pas hurler ; et à ce moment Pablo disparut, du moins nul ne le vit jusqu'à la fin de la nuit, et Luc erra par ici par là, il était seul dans le délire de fumées, de morues et d'oignons frits, de riz à la sauce rouge, de rhum, de sueur, de cris, d'ombres et d'éclats, il était seul (pensant : « Ils s'amusent, ils sont contents, rien ne manque, ni à manger ni à boire, ni pour rire ni pour danser, mais voilà, la réalité ne lâche pas prise, et ils me font rire avec leurs portraits en poésie, le seul portrait c'est l'humiliation et la pouillerie, et la poésie c'est la révolte et la colère ; comment peuvent-ils oublier tout ça, ils font comme pour être savants, étranges, profonds, mais c'est de la macaquerie, de la pure et triste macaquerie, quand on pense, quand on pense à ce que nous sommes, des bêtes à cannes tout ce peuple, et méprisé, exilé, et nous, contents, fats, béats, nous les petits rois, qui d'entre nous peut dire : "J'ai souffert" ? Aucun, aucun, même pas Mathieu, nos mères qui ont tout sacrifié, la vie et la santé, nos frères et nos sœurs condamnés pour nous, pour nous permettre d'apprendre, et quoi, nous voilà, hein, nous voulons être différents, uniques, est-ce que ce peuple veut être différent, il veut sa place au soleil, il veut des défenseurs, la liberté, partout dans le monde il y a des peuples qui souffrent, nous ne sommes pas différents, nous sommes les frères de tous les peuples, il n'y a que celui qui exploite et celui qui est exploité ; quand je vois une abeille je pense à la ruche, dans le Centre là-bas le peuple souffre aussi, tout est solidaire, tout est pareil, c'est dangereux ces idées, on parle, on rêve, on bâtit sur la mer, et les vagues s'effacent, elles ne restent jamais, tout s'écroule, ah ! il a tué un homme pour cela, il a tué cet homme, bon, c'était un assassin, un bandit, un exploiteur, un traître, et pire, et pire, nous l'avons tous jugé et condamné, nous l'avons tous tué, oui, Mycéa, mais si c'était pour jouer au portrait ça ne valait pas la peine, nous avons des devoirs, il faut savoir, il faut savoir... »), et Luc tournait autour des tables, à un moment Mathieu qui passait avec Mycéa dit : « Luc, il faut toujours qu'il rumine quelque chose, il ne peut pas profiter de la fête un peu », et Mycéa répondit : « Il pense à l'accident, à ce que nous devons faire, il croit que nous allons trop vite, il croit que nous faisons des enfantillages, que nous ne comprenons rien, Mathieu, il est trop dans la tête, rien dans le cœur, il croit que nous avons oublié », « Ne crois pas cela », dit Mathieu, et il cria presque : « Je le connais, il est sincère avec nous et... », mais Michel et

Gilles m'interpellèrent, ils m'offrirent des parties de manège, la place tournait autour des brasiers, les brasiers criaient sur la mer, la mer grondait et battait, il y avait des maisons sur la mer, et le bruit avait une odeur, une odeur ronde comme une liane, et la liane transpirait, transpirait, je pensais que Thaël dansait avec Valérie dans le marché, Gilles poussait aux barres, tout luisant, avec une force concentrée, il ne criait pas, il était à son travail, à peine se laissait-il emporter sur un demi-tour, il avait retroussé son pantalon (et le patron aurait certes préféré qu'il hurlât un peu), je pensais que Thaël dansait avec Valérie, oui, dans le tourbillon du marché couvert, sur les maisons de la mer, comme une seule liane de la nuit, et ce que je ne savais pas en ce moment c'est qu'ils parlaient de la Maison de la Source : « Oh ! disait Thaël (et seule Valérie pouvait l'entendre), oh ! tu n'as jamais vu une maison pareille, comme une église où on n'a pas peur, avec de l'ombre, de l'ombre, et tout en marbre partout, non, il ne fait pas froid, c'est la Maison des Rêves (et quand la Lézarde déborde, pensait Valérie, ça doit être beau si la source gonfle aussi), et je te dis, quand je l'ai vue j'ai pensé : nous viendrons ici, mais maintenant ce n'est plus possible, oh ! ce n'est plus possible (et tu me diras, pensait Valérie, tu me diras si tu l'as tué, Thaël, ou si c'était vraiment un accident, je sais que tu l'as tué, mais tu me le diras, je te supplie), et je te dis, toujours je regretterai cette maison, parce que j'ai appris la Lézarde, et j'aime cette rivière, c'est bizarre, non ? Valérie, oh ! Valérie, où es-tu ? », et si belle Valérie lui dit : « Samedi prochain tu viendras à la maison, ma marraine veut te connaître », et ils s'enlacèrent dans la mer sans fin, à ce moment où le jour s'annonçait déjà, et on sentait dans l'air un commencement de lumière, une petite fraîcheur de lumière, et la frénésie relançait des montagnes acérées,

187

des plages immenses de bien bon, mais comme par sac-
cades, le bruit était lourd, il ne restait sur la place que
les acharnés, il n'y avait plus de boudin, et l'orchestre
du marché préparait le madiana de cinq heures, c'était
le cérémonial aux tables de baccara (un jeu plus paisible, moins extravagant, plus rusé, plus patient que le
serbi, un jeu du petit matin), tout un chacun partait dans
la somnolence, dans la pêche aux lambis, la tête qui
roule sur la poitrine et qu'on redresse tout soudain, refu-
sant le sommeil, et la clarinette se faisait douce et
mélancolique comme la lune sur la mer, on s'apercevait
alors qu'il y avait eu des masses et des masses de
confetti, qu'on avait respiré, mangé, bu des confetti, ils
étaient partout, ils faisaient un tapis épais, la verdure
de la ville, l'écume de la mer, et allons il fallait rentrer,
voilà c'était fini, ainsi se retrouvèrent-ils sur le pont,
c'est-à-dire Michel, Pablo réapparu, Luc, Margarita et
Gilles, ils s'appuyaient, ils dormaient un peu, quand
soudain ils virent ce spectacle incroyable, sur la route,
près de la fabrique de bois, Thaël et Mathieu qui se
battaient avec la dernière férocité, et quoique Mathieu
fût beaucoup plus faible il se défendait bien, et ils se
précipitèrent vers les deux combattants, ne comprenant
rien à cet événement absolument inattendu, insensé,
comme une folle conclusion de la fête dans le serein
du matin, et Thaël et Mathieu se séparèrent, sanglants
et en lambeaux, avant l'intervention des autres qu'ils
avaient entendus, et ils se souriaient presque, comme
pour dire que désormais tout était clair, que la fraternité
était sans tache, que voilà ils étaient à la vie et à la
mort, et les autres comprenaient de moins en moins
(sauf Pablo, sûrement, qui avait l'esprit à ne s'étonner
de rien, à pressentir illico), ils regardaient tour à tour
Mathieu et Thaël, le premier plus déchiré que l'autre,
mais chacun mettant un point d'honneur à retenir sa

respiration et Valérie et Mycéa debout, figées, glacées (et jamais nul n'a pu savoir ce qui les avait rassemblés – les quatre – à cet endroit, défi ou hasard), et ils restèrent ainsi immobiles, Margarita éperdue, Mathieu et Thaël affectant d'être dégagés de cette scène, comme s'ils étaient des spectateurs, même pas des témoins, et peut-être seraient-ils tous ainsi en statues restés là jusqu'à la fin des temps, si à ce moment Alphonse Tigamba n'était apparu sur la route, venant du Nord (lui qui aurait dû être en ville pour parer aux disputes et aux combats), et s'arrêtant près d'eux juste comme le soleil allait apparaître derrière les mornes et disant, sans même remarquer l'état de Thaël et de Mathieu : « Quel malheur, quel malheur, papa Longoué est à l'agonie. »

III

Thaël parcourait (une fois encore) tout ce chemin du
Sud ; mais il avait trouvé un but, une destination plus
haute, il marchait à la rencontre de sa vie. Sur la longue
route droite, il saluait les ouvrières de l'usine qui revenaient du quart de nuit (– Où vas-tu ainsi, monsieur
Targin ? Prendre un bain de mer ?... et elles riaient largement) ; il vit le pont plat, déjà recouvert jusqu'à la
première barre de fonte par les eaux lourdes de la
Lézarde ; il lui fallut traîner la jambe, emporter l'eau à
chaque pas, protéger ainsi son pantalon ; il vit toute la
plaine noyée dans la rivière, les taches d'herbe verte
qui flottaient çà et là, comme des corolles éteintes.

Il pensa que c'était certes un étrange destin d'être
venu dans cette plaine, poussé par il ne savait quelle
nécessité, avec dans l'âme toute cette passion éclose
là-haut, nourrie là-haut par le silence, par la tranquille
monotonie de la montagne, et d'avoir ainsi connu son
pays, les mirages, les laideurs, tous les éclats, et les
grandeurs et les terribles quotidiens labeurs, les rires,
les eaux, les sables, les misères, l'espoir et la rage, et
la sueur et le sang, qui d'être ainsi pétris l'un dans
l'autre formaient son pays ; et d'avoir rencontré l'amour
despotique et la mort frauduleuse, sans qu'il pût pré-
tendre connaître la fin et la fatigue d'amour, ni le
commencement paisible de la mort. Il vit cette plaine

d'eau sous la poussée du soleil, et sentit que la Lézarde avait envahi son âme tout autant qu'elle avait noyé ces terres ; qu'il ne pourrait plus vivre dans la plaine, prenant sa part des déboires communs et attendant que la rivière vienne remplir tout l'espace autour de lui ; qu'il lui faudrait remonter sur la montagne, comme un qui refuse l'abandon, comme un qui s'isole avec fermeté, pour enseigner à ses enfants le droit de dire et de choisir. Mais aussitôt il sentit que cette solitude lui serait insupportable, qu'il ne pourrait oublier la leçon de la plaine, l'urgence de combattre, le lent travail par lequel son peuple, à travers tant de mirages, tendait vers la plus exacte qualité de lui-même. Il éprouva à la fois ce haut désir des solitudes, ce besoin d'éloigner la rivière (témoin de ses remords, de ses tentatives multipliées pour amadouer Garin, pour le convaincre) et tout ensemble cette force qui le retiendrait sur les rives sans ombres, dans les chemins du travail de l'homme. Et il comprit que dans son âme c'était en quelque sorte tout cet effort commun qui prenait vie, se concrétisait, toute cette tension dramatique pour concilier l'amour et la rage, ce qui rayonne et ce qui pèse, la générosité sereine et la lucidité de chaque jour. Cette gésine de son peuple, dont il avait maintenant l'image écartelée dans son esprit, sans qu'il en eût les souffrances dans le corps. Cet accomplissement qui avait partagé une seule volonté en tant de volontés partielles, qui avait opposé Mathieu qui avait raison à Thaël qui avait raison, à Luc qui avait raison, à tous les autres : car chacun d'eux connaissait une part du bien commun, et la symbolisait, et mieux l'incarnait.

Tout cela, Thaël le sentit sur cette route, dans l'odeur brûlée de la canne, et il n'eut d'autre recours que de penser à Valérie. Elle seule le sauverait du désarroi, car il avait déjà compris qu'elle était vraiment fille de ces terres, douce et hautaine, et rieuse sans complications, la parfaite réalité des forces contradictoires qui le hantaient, et qui en elle s'étaient unies indissolublement. Il ne manquait à Valérie que d'avoir connu davantage le moût sombre de la vie ; et peut-être y avait-il en elle un léger dédain pour les campagnards, pour les gens de la terre dont elle ignorait la souriante grandeur ? Mais pouvait-on lui en faire le reproche ? Elle avait toujours vécu avec des citadins prétentieux, pressés de se croire supérieurs (pour parer au doute qui stagnait en eux, prêt à tout moment à relever ses redoutables têtes d'hydre), et qui lui avaient rempli la cervelle du bruit de sa supériorité. Mais elle était restée simple ; Thaël pensa que leurs enfants seraient comme elle et comme lui : forts et limpides comme elle, ignorants de ce drame du commencement et du premier cri ; attentifs et lucides comme il l'était devenu depuis son départ de la montagne. Ils feraient le peuple de demain, et Valérie saurait les élever. Elle n'était pas faite à l'image de ces jeunes filles de la ville (ou des villes voisines), personnes sottes et naïves qui ne connaissaient que leur petit bien-être, leur fierté de se trouver presque pareilles aux gens du Centre, ni comme ces jeunes gens dont la vie était si pauvrement fondée sur l'acquisition d'une voiture, les plaisirs débiles, l'ignorance irréparable et la fausse richesse. Car il n'est de richesse, pensa encore Thaël, que pour un pays qui a librement choisi l'ordre de ses richesses, par telle ou telle organisation qui convient à sa nature. La politique n'était plus un vain jeu de personnes acculées à défendre leurs misérables privilèges, leurs positions, leurs situations : elle était maintenant l'image précise de ce drame, la force de ce peuple, le scénario patient dont le déroulement conduisait avec sûreté vers la seule et vraie richesse. Oui, Valérie avait en elle toutes les grandeurs de la montagne et toutes les forces de la plaine.

Thaël (une fois encore) se jeta dans le sentier entre les cannes, dans la prison de sueur de sucre, de dividendes, de salaires misérables, d'ignominies et d'exploitations montées sur pied de verdure, et il ne fut pas surpris de voir la jeune fille qui l'attendait, certaine qu'il viendrait par ce chemin et non par la grande route (peut-être pas, se dit-il, pour les raisons que je viens de débattre, peut-être seulement par souvenir d'amour, mais, ho ! mon amour et ma raison ont les mêmes racines), et il vit qu'elle se tenait à la place du premier jour. Valérie l'embrassa longuement, puis elle lui prit la main : et ainsi, sans dire un mot, ils marchèrent vers la maison, là-bas...

Mme Thélus, la marraine de Valérie, était une de ces femmes charmantes, comme il s'en rencontre toujours dans cette génération, élevée à la fois dans la note de politesse de l'ancien temps et le ton de gracieuseté traditionnel à ce pays. Elle avait un rien de suranné, dans ses longues et larges jupes éclatantes de couleurs, toutes festonnées de dessins, et elle souriait avec cet air cajoleur de la vieille dame qui est ravie de recevoir chez elle.

– Valérie, ma chère, prépare donc un punch pour ce jeune homme, il doit mourir de soif. Monsieur Targin, ma filleule ne fait que parler de vous. Si cela continue, vous aurez du mal à tenir votre maison. Femme qui parle est peu besogneuse.

Elle le mettait ainsi à son aise, d'une manière délicate, en rendant presque inutile la cérémonie de la demande en mariage, pour laquelle il avait si souvent répété une phrase qui fût élégante.

– Vous permettrez que je vous appelle Raphaël, je

sais que votre surnom est Thaël, mais je ne peux me faire à ces déformations. Tenez, votre ami Paul Basso : Pablo, et la petite Marie Celat, Mycéa, et Marguerite Adolé qui se fait appeler Margarita. Que doivent penser leurs mères ?

– Je vois que vous connaissez mes amis.

– Je les connais, je les ai tous vus naître. Leurs parents furent mes amis et le sont peut-être encore. Mais vous ne vous occupez guère des parents, n'est-ce pas ?

– Je suis orphelin, madame.

– Oh ! pardon, pardon... Aujourd'hui vous avez une mère, si vous voulez. Voulez-vous, Raphaël ?

La séduction de la vieille dame était irrésistible. A peine si Thaël remarqua qu'elle lui fit tout dire de ses projets d'avenir (pour commencer ils iraient dans sa maison de la montagne – « Oui, il est toujours bon qu'une femme suive son mari » –, il continuerait son élevage et lorsqu'il aurait des résultats conséquents il reviendrait avec Valérie du côté de la ville – « Une jeunesse ne pouvait pas s'enterrer sans fin dans la solitude, en effet, et ils avaient bien de la chance, l'avenir était devant eux, pour elle c'était dit, elle avait brûlé toute l'huile de sa lampe » – et peut-être qu'à la fin ils pourraient s'acheter une maison, à la campagne certainement) ; à peine si le jeune homme s'aperçut de quelques réticences chez Mme Thélus. Valérie servit le punch, ils déjeunèrent en famille, sous la véranda. Un repas cérémonieux et familier, avec les poissons rouges qui nageaient dans leur court-bouillon pimenté, tous les légumes possibles, un manger admirable et adorable. Au dessert (des « prunes de Cythère » en confiture), il était déjà convenu que le mariage aurait lieu dans trois mois. Valérie irait avec son fiancé dans la maison de la montagne pour tout préparer.

– Après les élections, dit Thaël.

– Vous faites de la politique ?

– Je m'intéresse.

– Raphaël, il faut laisser ça aux voyous. Car ce sont des voyous, je dois te le dire ! La politique a toujours mené ce pays à la ruine. Ah ! de mon temps, au moins, les hommes se battaient loyalement. Aujourd'hui on intrigue, on prépare, on calomnie.

– Ce ne sont pas les mêmes hommes, dit Thaël. Ils n'intriguent pas, ils n'ont rien. Ils ont la force. C'est le peuple qui marche.

– Excusez-moi, mes enfants, je suis vive comme l'argent ! Mais, Raphaël, que veulent-ils ?

– Ils veulent vivre, ils veulent être dignes de leur vie.

– La vie, la dignité, on ne peut rien changer.

Valérie ne bougeait pas, se gardait de dire un mot.

– Mon Dieu ! nul ne dira assez les souffrances des mères de ce pays. On se tue pour un enfant, on lui donne la chair de sa chair, et on le voit avec des idées tellement loin de vous, il part, il vous quitte, il ne comprend pas ce que vous aimez, peut-être la destinée veut-elle cela ?

– Je ne sais pas, madame, je suis orphelin.

Mme Thélus, à son tour, ne put résister à tant de dignité. Elle essuya une larme, et, mettant un frein à sa faconde, laissa couler le silence comme un fleuve bienfaisant. Valérie et Thaël étaient orphelins, mais Valérie avait eu sa marraine (la sœur de son père), alors que Thaël avait poussé tout seul comme un arbre de la montagne. Voilà ce qu'ils pensaient tous trois.

– Je dois reconnaître, Raphaël, que notre Valérie chère est comme toi, c'est normal, les jeunes gens trouvent toujours de nouvelles idées.

– Ce ne sont pas les jeunes gens, je crois que c'est toute la volonté du pays. Je le crois !

– Seigneur, il parle vraiment comme un politicien.

195

– Ah ! les gens souffrent, madame, ils meurent, ils se consument.

– Appelle-moi marraine, je serai contente.

– Il nous faut vivre avec la misère, on ne peut pas l'oublier, sinon c'est la fin sans phrase. Il y a là une force qui nous contamine. Mais je ne suis pas assez instruit pour bien le dire.

– Il pense à Mathieu, précisa Valérie.

– Mathieu Béluse, le fils de Mme Marie-Rose, la cousine du mari de ma défunte sœur ? Nous sommes parents, quoique je ne le voie jamais. Il est bien, ce garçon. On dit qu'il ira poursuivre ses études. Mme Marie-Rose a tout fait pour lui. Mais il ne s'occupe que d'élections maintenant, si jeune, si jeune.

– Je ne savais pas que nous étions parents, dit Valérie.

– Ah ! les liens se perdent, de nos jours.

– On les retrouvera, cria Thaël, bien plus loin encore ! Nous remonterons jusqu'aux origines. Mathieu cherche.

– Bon. C'est folie sans fin. Mais ça ne fait rien, nous inviterons Mathieu au mariage.

Thaël et Valérie tremblèrent.

– Sais-tu qu'avec toutes ces idées Valérie est allée consulter ? Oui, oui, je l'ai su, ma chère. Tu as vu papa Longoué. On a beau dire, on revient toujours vers le passé pour connaître l'avenir.

– Papa Longoué est à l'agonie.

– Pauvre homme, pauvre, pauvre...

Et Valérie eut cette parole extraordinaire : « Les derniers souvenirs qui s'en vont. Nous aurons du mal à retrouver les origines. Il y a quelque chose de nouveau. » Thaël fut stupéfait de l'entendre parler ainsi ; en fin de fin il ne la connaissait pas. Marraine Thélus s'endormait doucement dans sa berceuse. Thaël et Valérie partirent vers les cressons, ils se couchèrent l'un près de l'autre, ils écoutèrent longtemps le soir qui descendait, et ils pensèrent à la nuit qui allait prendre papa Longoué pour toujours.

Dans sa case, le guérisseur depuis huit jours râlait. On ne pouvait comprendre comment il n'était pas encore passé. Son vieux corps noir et maigre se raidissait sur les sacs de guano ; ce cadavre se passait la main sur la figure, une main violette ; on aurait dit qu'il essayait de chasser les gens, qu'il essayait de tirer un voile entre lui et le monde. Depuis huit jours, des voisines le veillaient, le nourrissant de quelques cuillerées de légumes écrasés dans du lait. Papa Longoué n'avalait presque rien, il ne buvait qu'une ou deux gorgées d'eau teintée de rhum, mais il tenait.

Il voyait une forêt immense, dans un lointain pays, où il était enfant. Son grand-père lui parlait, et il lui semblait que les arbres, la nuit des souches, le frisson brûlant des feuilles, tout le bruissement de cette forêt, naissaient des mots de l'aïeul ; qu'il marchait entre les mots, retrouvant une odeur qu'en vérité il n'avait jamais oubliée. Papa Longoué enfant se promenait dans ce pays, il chantait et dansait au gré du tam-tam, il vivait libre, dans la faim et la chaleur, les mots créaient la faim, les mots étaient soleil. Mais il y avait une force qui obscurément tirait, une main de bois dur, un filet de grosse liane sur tout cela, et papa Longoué était emporté, les mots de son grand-père étaient maintenant des plaintes et des râles, il y avait une odeur de mer pourrie, un grand indistinct roulis tourmentait le corps (comme si l'enfant grandissait à une incroyable vitesse, et qu'ainsi il ressentait la croissance de ses os et de ses muscles, la turbulence effrénée de son esprit), et papa Longoué était dans ce nouveau pays, avec la poignante nostalgie ; maintenant, il voyait distinctement son grand-père, un vieil esclave marqué de fers (c'était cela, c'était donc cela), et toute la tradition de la famille, la fuite dans les grands bois, le commerce des esprits, l'appel chaque jour vers là-bas, vers la forêt famélique et somptueuse, le fils et le fils du fils marchant nuit et jour dans le souvenir, et les gens qui venaient pour la maladie ou la souffrance ou la haine, pour l'amour, et ils ne savaient pas qu'au fond d'eux c'était la forêt qui appelait. Et papa Longoué voyait comment le pays avait profité, grandi ; comment tout cela s'était transformé, il voyait qu'on ne pensait plus assez à la grande forêt, il criait, il mettait sa main devant sa bouche, et il poussait le oué-ho ! sans fin, mais personne ne répondait : les temps étaient clos. Il leur disait : « Il faut remonter jusqu'à la forêt », mais tout ce qu'il voyait, c'était une figure de cire qui souriait, avec une jolie barbe cette figure, elle l'appelait doucement, elle tentait de le persuader : viens, viens, tu es mon serviteur et je suis ton maître. Papa Longoué se débattait, il ne voulait pas suivre cette douce figure, il devinait là quelque traîtrise.

Les vieilles, dans la case, se penchaient sur l'agonisant. Celui-ci vit encore une jeune fille (et c'était sûr, elle avait la forêt au fond de son cœur), et il cria, parce que les deux chiens étaient là, paisibles et monstrueux. Papa Longoué regarda ses voisines : elles ne comprenaient rien, elles ne voyaient rien, elles étaient dans un grand trou d'eau (c'est la Lézarde, pensa-t-il, c'est la Lézarde qui déborde), elles lui parlaient, n'entendant pas qu'il hurlait, elles s'agitaient petitement. Le vieillard mit une dernière fois la main devant sa bouche pour pousser le grand cri, mais à travers ses doigts démesurément écartés il vit encore cette douce figure si pâle qui semblait absorber le cri ; il pensa que le voyage avait pris fin, et que c'était là, oui, sa mort qui lui venait. Il se laissa aller, il consentit enfin, et les doigts se refermèrent, comme un masque.

Les vieilles s'assirent sur la terre de la case et commencèrent d'attendre.

IV

Le premier dimanche de ce mois de septembre 1945, toute la vie de la contrée s'établit dans la ville. Enfin, était venu le jour des élections. Au sortir du trou noir de la guerre, laquelle avait greffé un terrible appendice sur combien d'années d'ombre et de déni, le peuple était comme ivre d'affirmer sa naissance. Ces élections dépassaient l'enjeu habituel ; ce n'était pas seulement affaire d'élire un Représentant, il fallait maintenant savoir si la nuit était tarie, si c'était enfin l'aube. Il fallait savoir si le vaste monde était ouvert à ceux-là qui voulaient le connaître. Si l'amour et la tendresse depuis si longtemps inefficaces, contenues, pourraient enfin s'établir doucement.

De partout, les hommes et les femmes affluaient. De la Bellem, morne reculé parmi les profondeurs forestières où les habitants, des hommes trapus, avaient un air mystérieux et renfermé comme l'ombre de leurs bois. De Pays-Mêlés, région tout étirée au bord de la route coloniale ; les gens de l'endroit, habitués à tout voir passer ; ouverts et bruyants ; ils hélaient. Du grand morne de l'ouest, dominé par le château blanc : populations dures, qui gravissaient toujours la route montante et qui ne voulaient plus de ce donjon sur leurs têtes. Du Morne au Diable, le quartier de Lomé ; mélange de terre friable et de roche, de réflexion et de joyeusetés. De la Californie : les sables et la mer baignant l'âme et le corps ; muscles noueux, volontés rétives.

Et dans la ville c'était un grand mouvement de ces populations. Costumes blancs, chemises blanches, cravates rouges. Des fleurs aux boutonnières. Rien à dire, la victoire était assurée. Dès les dix heures, chacun savait déjà à quoi s'en tenir. Aux bureaux de vote on voyait arriver ces cravates, ces fleurs : ni les urnes truquées ni les listes préparées ne pourraient vaincre un tel flot. Une discrétion et un ordre parfaits assuraient la légalité, empêchaient le suprême recours des Dirigeants : l'appel aux forces casquées. Le mot qui courait : du calme, du calme, ne répondez pas, ne créez pas d'incidents, votez seulement. Le gros des électeurs circulait dans les rues, et on voyait que les hommes refrénaient leur ardent désir d'éclater, de crier l'enthousiasme, la joie. C'eût été un étrange spectacle pour un observateur non averti que celui de cette foule étonnamment rentrée en elle-même, sage, mesurée, mais dont il aurait pu voir à quelques signes non équivoques qu'elle frémissait avec passion.

Mathieu avait été désigné pour l'un des bureaux, Luc était à un autre ; Gilles, Michel et Pablo allaient de la mairie au tribunal, de l'école des filles à la poste, ils supputaient les pourcentages.

Il y eut un incident vers quatre heures de l'après-midi : à la mairie, un homme tenta de briser les urnes, il criait que ces élections étaient faussées, que l'on se moquait du peuple ; il fut mis à la raison avant que les gendarmes pussent intervenir. A la poste, un autre homme à gages voulut dérober une des listes ; là aussi l'affaire rata. La vigilance était grande.

Mathieu et les autres, pour la première fois, se voyaient réellement associés à une force collective. Les fonctions officielles qu'on leur avait dévolues (en la personne de Mathieu et de Luc) étaient comme la consécration de leurs efforts particuliers depuis des semaines. Pour eux, qui n'avaient travaillé qu'en marge de la vraie campagne électorale, c'était la preuve tangible que leur présence et leur action, si mesurées qu'elles eussent paru, n'étaient cependant pas vaines. Ils vérifiaient au grand jour, et en une conjoncture solennelle, la confiance qu'on leur accordait. Ils avaient à ce moment comme un réel terrain sur quoi dresser leurs aspirations, un pavois d'arbres sur quoi greffer leurs branches éparses. Et on peut dire qu'ils profitèrent davantage de cette journée que de toute une année de discussions.

Assis derrière la longue table, vérifiant les noms et cochant la liste des votants, Mathieu se sentait rempli d'une force soudaine mais tranquille ; de plus en plus tranquille à mesure que la journée avançait. Dans les moments d'accalmie (quand la file des votants s'éclaircissait), il regardait la pendule de la grande salle, et il pensait que les deux aiguilles marquaient pour lui une nouvelle connaissance, creusaient dans une épaisseur insoupçonnée de la vie. Il s'accorda un rien de temps pour déjeuner chez sa mère qui lui avait préparé un bon repas. Madame Marie-Rose le regarda manger, puis elle lui dit (comme il allait bondir vers la porte) : « Je ne sais pas pourquoi tu fais tout cela, mais je voterai pour le Représentant, quoiqu'il soit contre la religion. Je ne te vois plus souvent, mais je sais que tu es un bon garçon. Et notre Représentant défend sûrement les malheureux. » Mathieu l'embrassa, il était content ; enfin, sa mère ne croyait plus qu'ils voulaient faire de l'église une salle de bal ; il avait gagné cette partie. « Va, va, dit madame Marie-Rose, ne fais pas semblant de m'embrasser. Tu meurs d'envie de courir à la mairie. »

C'était pour Mathieu un jour de pur bonheur. Sa mère resta seule, pensant qu'elle n'avait rien au monde, sinon un fils qu'elle ne comprenait pas, mais en qui elle avait confiance.

Thaël, trop jeune pour voter, participait cependant à la joie générale. « Voilà ce que j'attendais, pensait-il, je suis venu pour cela, pour cette clarté, je sentais bien là-haut que quelque chose manquait. Voilà, je me faisais du théâtre tout seul, je voulais, sans le savoir, je voulais parler, être avec les autres, et je l'étais déjà, c'est pourquoi je suis venu, c'était là ma passion. Le cœur dilaté. La légèreté. Je sens, je sens qu'avec nous tous j'irais partout dans le monde. Nous pourrions louer des bateaux, une flotte énorme, nous voilà, nous venons vous dire bonjour, comme ça, en voisins, c'est si près la Chine, le Brésil, et le Congo, ah ! le Congo, nous venons embrasser la terre par ici, accueillez-nous, le chemin fut long, et pénible, pénible. Voyez la poussière dans nos yeux, et tous les morts sur la route, c'est effrayant le chemin juste pour saluer un voisin, pour embrasser un frère. Tous les morts des bois, tous les morts sur la mer. Et nous irions, ce serait toujours comme aujourd'hui. Tous, qui connaissent le même secret. Tous, qui ont les mêmes mots dans la bouche... »

– Tu rêves, montagnard !

– Mathieu, Mathieu, c'est beau.

– Ça commence, ça ne fait que commencer.

– Tu es mon frère.

– Nous. Nous tous. Je suis ton frère.

Mathieu courait vers la mairie. Son corps maigre se détachait sur le fond du ciel, car cette rue ouvrait en précipice vers la plaine, et on voyait la récolte verte là en bas, et l'espace bleu par-dessus. Chacun avait pensé qu'il n'aurait pas pu pleuvoir en un si beau jour ; non, la nature n'aurait pas fait cela. Et Mathieu, dans le soleil, était comme un mât sans fin, qui touchait au chapiteau du ciel.

A cinq heures, le résultat ne faisait plus de doute. Mathieu sortit dans la cour de la mairie, il pouvait abandonner son poste, plus rien ne changerait le cours. Il s'assit sur le mince rebord de ciment qui délimitait les parterres du jardin, et comme un vagabond, comme un errant, il joua avec les graviers de l'allée, sans rien, sans rien. Vide. Maigri de dix kilos. Trop de rhum. La toux sèche. Thaël s'assit près de Mathieu (il avait appris cette manière silencieuse de venir auprès d'un ami préoccupé). Une jeune femme entra dans le petit jardin, et elle faisait rouler les graviers sous ses chaussures. Elle marchait comme pour défier l'univers, la tête cambrée, provocante. Elle s'arrêta près d'eux.

– Tu es content, Mathieu ? Tu es fier de toi, non ? Voilà ! Ta petite victoire personnelle !

– On n'y peut rien, dit Mathieu, je ne suis rien.

– Tu vas pouvoir commander maintenant, on t'écoutera. Et combien d'amis auras-tu encore ?

– Je ne suis rien, dit Mathieu.

– Un ramassis d'incapables, tes amis. Et ils dirigeront ! Moi, dirigée par ces imbéciles !

Elle était belle, la jeune femme, dans sa robe légère, avec ses chaussures blanches, son sac blanc (la robe ample, mais la poitrine serrée, les épaules dégagées, douces, toute une peau lumineuse de sapotille). Elle tremblait presque.

– Je voterai contre, tu entends, je voterai contre ! Ça ne changera rien, un bulletin, une voix, mais j'aurai la satisfaction !

– Ne fais pas cela, dit Mathieu, tu sais que tu as tort. C'est pour toi, tu regretteras.

– J'y pense depuis si longtemps, Mathieu. Depuis si longtemps je dis : je mettrai mon papier dans l'enveloppe, l'enveloppe dans la fente, voilà, s'ils pouvaient être battus d'une voix, d'une seule petite voix, quel plaisir !

– Une voix ne compte pas, dit Mathieu.

– Je le ferai quand même, tu entends, je le ferai ! C'est la dernière fois que je te parle, voilà : je le ferai !

Elle entra dans la mairie. Ils attendirent. Mathieu, prostré, ne voyait rien. La toux. La fatigue. La mort, la mort. Thaël le regarda, tellement atteint, tellement abattu. Pourquoi, Mathieu, pourquoi ? C'est le jour, c'est le seul jour. Nous avons gagné. Tout le monde a gagné. Plus rien de vague, rien de confus. Ah ! Mathieu, regrettes-tu le temps des choses indistinctes, le temps des désirs, le temps de la nuit ?

La femme ressortit, elle passa devant eux, ils ne levèrent pas la tête, ils restèrent ainsi, à écouter le bruit de ses pas sur le gravier, sur le ciment du trottoir, sur le goudron de la rue, sur l'éloignement et le silence et l'absence et la fin des fins.

– Myrta, dit Mathieu.

Thaël se rappela : la première et la dangereuse... Il se rappela les premiers temps, la confidence dans le bruit calme de la mer. La fièvre, les élans, cette flamme en eux, et l'absurde décision. Garin.

– Tu l'aurais vu, dit-il, si gros, si bonhomme, les cheveux drus, et agréable, et trapu, un baril de forces. Je ne crois pas que j'aurais pu le battre. Je suis sûr qu'il avait un couteau dans sa poche, peut-être même un rasoir. Tu vois le butin ? Comme s'il était encore un moins que rien. Pourtant, il avait réussi, on peut dire. Mais il avait gardé les habitudes. J'ai acheté un couteau.

Mathieu rit. Thaël sortit le couteau de sa poche et le planta dans la terre, au milieu du gravier gris et bleu.

– Et il ne faisait que me provoquer. On peut dire qu'il me cherchait.

– Il croyait qu'il pouvait tout commander.

– Je pense, dit froidement Thaël, qu'on pouvait le laisser tranquille.

Les derniers électeurs sortaient de la mairie. Ils auraient voulu parler avec Mathieu et Thaël, mais ces deux-là étaient comme isolés dans un cercle, une prison. Assis là, tels des enfants ou des vagabonds, sans souci de la bienséance.

– Tu divagues, répondit enfin Mathieu. Ces élections, c'est une chaude victoire. Nous savons maintenant. Mais le résultat pratique c'est borico cinq-sous-rhum-cinq-sous-tafia. Il aurait facilement détourné la chose. Nos élus n'ont pas de pouvoir. Nos députés s'en vont là-bas. Les gouverneurs et autres commissaires spéciaux ont tous les moyens.

– Après ces élections nous n'aurons plus de gouverneur. Ils seront obligés.

– La belle fierté. Gouverneur ou pas, la réalité sera la même.

– Que vois-tu ?

– Trop tôt, trop tôt. Combattre avec les armes du moment. Dans vingt ans, peut-être.

– Tu as changé.

– La fatigue, dit Mathieu.

– Tu as changé. Tu es plus dur.

– On grandit.

– Quand même, la misère ne peut pas être plus grande. J'avais pensé : il nous faut la terre. Mais avec ou sans lui, de toute manière nous l'aurions prise, nous la prendrons.

– La misère est plus grande quand elle vient de vous-même, de quelqu'un qui vous ressemble, d'un frère qui vous l'impose ! Pour avoir la terre il ne faut pas un seul manquant !

Alphonse Tigamba passa près d'eux. L'agent de

police avait voté (ils ne l'avaient pas vu entrer), le dernier en quelque sorte. Il ralentit, faillit s'arrêter, mais enfin continua. Et il ne les avait pas salués.

– Pour qui aura-t-il voté, selon toi ?

– Pour nous, dit Mathieu...

Vint enfin l'heure solennelle de la clôture. Mathieu avait regagné son poste ; le dépouillement commençait. Thaël rencontra les autres, exultants. Ils virent Mycéa et Margarita et Valérie, qui revenaient de la plage ; il apparut qu'elles avaient fait connaissance. L'attente. Dans les rues, un mouvement terrible. – « A la poste, près de deux mille voix d'avance, et ce n'est pas fini. » – « A la mairie, *idem dito.* » – « Où sont-ils, les ceux qui ont voté contre ? » – « Ils n'osent pas se montrer ! »

Alphonse Tigamba avait passé une partie de l'après-midi en compagnie de Pablo. Celui avec lequel il s'entendait le mieux. Pablo comprenait les hésitations d'Alphonse, son souci de ne pas être mêlé à des affaires trop importantes, son désir d'aider ses jeunes amis. Pablo avait accoutumé de tenir compagnie à l'agent, dans le bureau sombre et froid. Et en ce dimanche, de trois à cinq heures, ils avaient longuement parlé.

– Et après ? Voilà, ils sont élus, aucun doute. Qu'est-ce que ça change ?

– Pour nous, ça change.

– Toutes vos paroles sans fin.

– Alphonse, tu ne pourras jamais choisir.

– J'ai choisi. Non. Quelque chose en moi a choisi pour moi. Parfois je rêve, je vois des îles, toutes ces îles autour de nous, je me dis : on ne peut pas, toutes ces îles pareilles, dans les mêmes deux mers. Il faudrait les réunir.

– Pourquoi es-tu dans la police ?

– Je sais, je sais. Je ne peux pas tenir plus longtemps. Que ferai-je ?

– Viens avec moi.

– Où, Pablo, où ?

– J'ai un projet. Je t'expliquerai. Une terre. Des fruits, de l'élevage. On commencera petit.

– Ça ne prendra pas.

– Ça prendra. Comme une sorte de coopérative.

Alphonse rêvait. Oui, oui, oui.

– Je me suis battu avec Mathieu.

– Mathieu, il se bat avec tout le monde.

– Pourquoi ne m'aime-t-il pas ? Je suis son ami.

– Il est ton ami.

– Je crois que je préfère Thaël.

– On ne peut pas dire. Différents, et pourtant pareils. Comme le jour et la nuit l'un à côté de l'autre.

– Lequel, le jour ?

– Mathieu. Thaël, la nuit. Mathieu qui nous a dirigés, sans même le savoir. Il est allé plus au fond, il essaie de voir l'ensemble. Nous avons besoin de lui. Thaël qui est venu comme ça, une apparition, tout soudain.

– Comme la nuit.

– Et nous avons aussi besoin de la nuit. Je veux dire des vérités qu'on ne peut que deviner. Peut-être besoin de nous tromper un peu, de méditer nos erreurs. Et il faudrait revenir du côté de papa Longoué. Tout ce que nous avons oublié. L'Afrique. La mer. Le voyage. Et puis non, pas à froid. Il y a peut-être pour nous une manière exaltée de dire les choses. Je ne sais pas. Les dire dans le cri, mais les penser dans la lucidité. Voilà pourquoi, oui, peut-être, voilà pourquoi Thaël et Mathieu se sont battus. Mais ils savent qu'ils ont l'un et l'autre raison.

– Je ne te croyais pas aussi savant.

– Je ne suis pas. J'ai profité de ces deux-là, Mathieu, Thaël.

La rumeur de la foule parvenait jusqu'à eux. Ils étaient comme assis dans la rue.

– Pablo, dit Tigamba, Pablo, je l'aime encore. Je ne peux pas, je ne peux pas...

– On peut l'aimer, oui. Mais elle est pour Mathieu. Et l'autre est pour Thaël.

– Je sais, je sais bien !...

Peu après, Tigamba se rendit à la mairie, et il passa près de Mathieu et de Thaël. « Pourquoi eux, se demandait-il ? Pourquoi pas moi, ou Pablo, ou Gilles ? Est-ce qu'il faut des élus ? Nous sommes égaux... » Et ensuite, quand la nuit fut venue et qu'il ne fallut plus qu'attendre les résultats (à ce moment où le bouillonnement de la ville était encore retenu par l'imprécision des nouvelles, l'absence de chiffres définitifs sur quoi s'exalter ; et cette nuit était une fleur vorace autour de la ville, qui attendait l'explosion et qui peut-être s'en nourrirait), il vit Mycéa, accompagnée de Valérie et de Margarita. Il vit Pablo, Gilles, Michel, Thaël. Alphonse Tigamba les vit, et il eut besoin de n'être plus seul.

– Alphonse, cria Mycéa, tu es plus qu'un frère.

« Oui, pensa-t-il, j'ai tout fait comme il fallait. Et tu le savais, ho ! Mycéa ? » Il sourit, et tendit enfin la main à Thaël.

A neuf heures, la ville explosa. C'était fini, officiel, déclaré. Une victoire écrasante. Les pétards. Derrière la mairie, un groupe s'activait déjà, préparait les flambeaux. Mathieu sortit dans la nuit, une énorme lassitude était en lui. Il se traîna vers ses amis. Cohue dans les rues. Tous criaient. Mathieu avait mal. Luc arriva. Tous hurlaient. Mathieu étourdi. On dansait. Mathieu tombait. « Ils ne voient donc pas que je vais m'évanouir ? » Mycéa le soutint, le porta presque jusqu'à la grille contre laquelle il put s'asseoir. C'était sa femme, et elle lui prit la tête entre les mains, elle l'embrassait, elle pleurait. Lomé arriva, il était très calme ; Mathieu voyait les autres, Valérie et Thaël, et Margarita et Gilles, Luc, Michel et la femme de Lomé intimidée, Pablo, et Tigamba, tous, silencieux, et autour d'eux la vaste rumeur balayant la rue, le tourbillon, l'assaut, la conquête. Tout un plaisir de vivre.

– Mathieu, dit Lomé, c'est fini.

– Oui, Alcide, oui, nous avons gagné.

Ils s'étreignirent doucement.

V

Dans l'après-midi de ce même dimanche, les jeunes femmes s'étaient rencontrées sur la route de l'usine. Elles avaient alors décidé d'aller ensemble sur la plage, où elles convinrent ensuite de rester jusqu'à la tombée de la nuit. C'était, certes, pour elles un expédient, le moyen le plus commode d'échapper à l'agitation de la ville, à l'excitation des habitants, et (plus certainement en ce qui concernait Mycéa) à leur propre impatience. Mais cette retraite sur la plage (précédée de cette rencontre sur la route) pouvait avoir été le fruit d'un plan concerté, le résultat d'un appel, la fin d'un désir. Ce désir, chez Mycéa et Margarita et Valérie, de se connaître, de mieux approfondir les raisons de leur soudaine alliance ; cet appel l'une vers l'autre, en vertu même des difficultés de l'alliance.

La plage était déserte. On pouvait voir quelques touristes, incertains de leur programme, déroutés par la soudaine solitude des sables, errant sur toute la blancheur. Les jeunes femmes s'isolèrent dans un recoin de cocotiers, elles s'étendirent sur des feuilles sèches. Mais elles regardèrent toutes vers le large où des rochers tassaient leurs sombres silhouettes, loin au-delà de la barre d'écume.

Mycéa avait peur ; Mathieu semblait bien fatigué. Elle ne savait pas contre quoi exactement elle devait lutter... Elle regarda la barre, essayant en plissant les yeux de ne faire qu'une mince ligne blanche de ce qu'elle savait être une bourrée de fureurs. Elle pensait que Margarita devait être fière de Gilles, le seul avec Pablo à pouvoir vaincre la barre. Avec Pablo et Thaël ; Valérie aussi devait être fière. Et regardant la barre, Mycéa se posa le problème de haute juridiction morale : « Pouvait-on dire que Thaël était seul responsable de la mort de Garin ? » Non. Cette question était idiote. Ils avaient tous décidé. Par exemple, elle était plus responsable que lui. Elle s'entendait encore : « Nous, nous tous ! » D'ailleurs, il faisait bon prendre sa part d'une telle œuvre d'utilité : abattre un traître. Un qui avait tué et qui s'était encore préparé pour l'exploitation. Elle pensait que Mathieu ne passerait jamais la barre, mais qu'en une certaine façon elle était fière qu'il en fût ainsi. Il devait vaincre son corps, il était le plus faible, mais il ne reculait pas. Et sans lui, rien ne se serait fait. Mais Mycéa pensa encore qu'il était bien atteint à présent, épuisé, et qu'elle aurait du mal à le guérir. Et ses yeux se remplirent de larmes étincelantes où le soleil se multipliait et à travers lesquelles la barre lui apparut bientôt comme un éclat d'étoiles affolées.

Étendue entre Mycéa et Valérie, aussi immobile qu'elles, et faisant, en somme, de son corps une zone neutre entre la femme de Mathieu et la femme de Thaël, Margarita était un doux bloc de somnolence, d'inertie, mais crépitante, unie à la pesante clarté. Elle s'était réfugiée dans cet abandon de son esprit et de sa chair ; mais parfois des bribes d'idées, des éclairs, des révélations, des pressentiments fulguraient à travers cette douceur qu'elle s'était aménagée. Elle pensait (regrettant paresseusement d'être ainsi parfois livrée aux idées, de ne pouvoir leur opposer une résistance plus continue) que Mycéa avait été très forte dans le temps, tout au commencement, que Mycéa l'avait persuadée, elle, Margarita, que Mathieu la délaisserait un jour pour l'amour d'elle, Mycéa ; que Mycéa avait fait en sorte qu'elle, Margarita, la vît, Mycéa, dans les bras de Mathieu (mais à ce moment, elle, Margarita, en était sûre maintenant, ce n'avait été qu'une caresse fraternelle) ; que Mycéa l'avait persuadée aussi qu'elle, Margarita, aimait Gilles ; que Mycéa n'avait cessé de lui vanter les qualités de Gilles, sa bonté, sa force, sa douceur, jusqu'au moment où elle, Margarita, avait capitulé. Qu'elle avait donc été comme une pâte entre les doigts de la beauté sombre. Et Margarita pensait que ce qui était le plus surprenant, c'est que Mycéa avait eu vraiment raison ; qu'en fin de compte, Mathieu aimait Mycéa, et Margarita Gilles. Tout cela faisait une ronde, un tourbillon. Tournait trop vite. Elle voulait bien, Margarita, que ce fût ainsi. Elle acceptait que ce fût aussi net, déclaré, tranché, et en même temps confus, tournoyant, ondoyant. D'ailleurs, chaque fois qu'elle avait essayé d'intervenir, rien, rien n'avait bougé. Thaël avait bien vu Valérie, et il avait bien trouvé Garin. Les événements avaient roulé sur leurs patins sans s'occuper d'elle, Margarita. Elle n'était pas de force. Elle ne pouvait convaincre personne. Et Margarita pensait que jamais les faits ne consentiraient à tenir compte de ses désirs. Elle n'avait pas droit aux caprices. Ce n'était pas comme Mycéa, Mycéa pouvait oser. « Mathieu Béluse, consentez-vous à prendre pour épouse, devant Dieu et devant les hommes, Marie Celat, ici présente ? » Car ils se marieraient à l'église, sûr. Malgré toutes les raisons contre. Malgré les idées nouvelles. Cela aussi était dans la tradition du pays...

Margarita se perdit dans la terre des idées générales. Elle cuisait doucement dans l'ombre, éblouie par l'effort même qu'elle faisait là, dans la chaleur, pour échapper aux idées. Mycéa s'accouda soudain, regarda longtemps Valérie par-dessus le corps abandonné de Margarita.

– Parle-moi de ta maison.

Valérie s'assit. Elles se regardèrent.

– Pourquoi ? Elle n'a rien de particulier. Quelle question !

– Je vais te dire. Dans un pays tout en montagnes et en plaines étroites, un petit pays balayé par la mer. Une terre avec de la chaleur jusqu'au fond. On ne pouvait rien trouver de doux, de calme, c'était tout un bagage de l'inquiétude. Rien de gris, de tendre, d'apaisé. Dans ce pays, au fond d'une baie, à l'écart de la mer, loin des passants, des cris, il y a une bande de terre. Tout vert tranquille. Des orangers. Du cresson. De l'ombre douce. C'est la féerie. Et c'est comique, l'endroit s'appelle Fonds-Brûlé.

– Comment s'appelle le pays ?

Margarita ne bougeait pas. Étendue sur le ventre, les yeux clos, elle avait l'impression de sentir les mots voler sur son dos, d'une joueuse à l'autre.

– Oui, l'endroit rêvé. La paix. Là, on peut tout oublier. Il n'y a pas de drame, pas d'entreprise, pas de douleur. On entend la mer, mais on échappe à son tapage. On voit le soleil, mais on n'est pas aveugle. C'est drôle, non ?

– C'est drôle, dit Valérie.

– Il suffit alors d'un golbo, d'un descendu qui a trop lu, et voilà, il décrète que c'est une vallée.

– Une vallée, dit Valérie.

– Et qu'y a-t-il dans la vallée ? Qui, parmi les fleurs et la fraîcheur ? Une autre fleur, la plus belle, comme une seule flèche de canne sur tout un champ planté. Je vais te dire. C'est une grande belle fille, le front haut, de la poitrine mais juste, les chevilles fines, fines, l'air de planer partout. Un amour de brune plante élancée. Elle est dans la maison blanche, tu vois, avec la grande véranda et la berceuse. Elle fait des confitures, elle coud un brin, elle prépare des gâteaux. La vraie vie. Mais alentour, c'est la débâcle.

– Littérature, dit Valérie. As-tu déjà vu une débâcle ?

– Alentour, c'est la misère ! Les hommes esclaves qu'on a tués, mutilés, affamés. Les hommes qu'on parque, qu'on abrutit. Tout un pays rejeté dans la nuit, depuis des siècles. Mais la vallée continue, avec sa fleur intouchable !

– Et comment connais-tu ma maison ?

– Je suis allée !... J'ai voulu voir.

Elles se regardèrent. Margarita ne put tenir plus longtemps, elle se retourna sur le dos, ouvrit les yeux, regarda fixement les feuilles des cocotiers immobiles. Elle était comme le fléau rigide d'une balance.

– J'ai tout entendu, dit-elle comiquement.

Aussitôt, Valérie et Mycéa relâchèrent la tension. Rires. Rires.

– Je monte avec Thaël, dit Valérie. Ce n'est pas obligé qu'on ait souffert pour connaître et pour préparer. Les femmes savent cela maintenant. Nous sommes tranquilles, sans hâte. C'est parce que nous sommes sûrs. Nous avons dépassé la grande nuit.

– Thaël t'a bien fait la leçon !

Ce fut à Valérie de crier : « Je l'ai appris toute seule ! »

– Ça va, ça va, dit Margarita.

Voici le lieu. Le réceptacle, l'urne de tout ce bruit. Mycéa contre Valérie, et pourtant elles sont plus que sœurs. Faut-il que cette terre bondisse maintenant sur l'écume de ses mers, et se clame ? Mathieu malade, et pourtant il a goûté à la victoire. Mais c'est que l'écheveau n'est pas démêlé. L'héritage est complexe. Il y a des voix qui se mêlent et se contrarient. Qui les séparera enfin ? Il n'est que le soleil, seul attribut distinct. L'enfant n'a pas grandi. Voici le lieu.

Et il y a aussi, il y a pourtant une certitude par là. Une manière désormais paisible d'avoir ou de n'avoir pas les mêmes opinions. Un dépassement, non seulement de la nuit, mais encore de ce combat à la lisière du jour. Michel est là, il ne dit mot, mais il est sûr de réaliser toute la vie. Toute la turbulence de Pablo, et la précision de Luc, et les passions de Mathieu, et de Thaël le ténébreux acharnement.

Le lieu. La cuve, la chaudière ; et l'ébullition ! Oui, la mer qui bout et les îles qui sont l'écume de la mer. La terre qui est un seul rire, un seul jour dans les jours, une naissance. Un cri d'abord noué, obscur, et qui bientôt s'éclaire et sème. J'ai entendu cette parole, et elle était en moi fichée : c'était une racine. J'ai connu Mathieu et Thaël, et tous leurs amis : et ils furent mes frères, ils furent mes tuteurs dans la montée vers le monde et la vérité. J'ai connu Valérie, et voici, il y a en moi cette racine que je tente d'arracher, mais son attache est plus puissante, et mes forces me trahissent. Quand j'aurai pris mes mains sur le corps rugueux, quand j'aurai tiré avec le poids irrésistible ; quand le souvenir sera tranquille et fort, éparpillé en mots, et riche de saveurs : alors le lieu pour moi aura paru, dans la précise qualité qui est la sienne ; et toutes les misères dont aucun bilan n'épuisera le compte, et toutes les beautés que voici décimées par la nécessité de combattre et de naître, tout cela paraîtra sur la grève du vaste monde, comme un feuillage qui sur sa sève tire doucement ; comme un banyan qui entoure la mer selon le vœu multiple de ses branches.

Et c'est à la mer que Valérie pensait. Elle regardait la barre ; elle criait que c'était là enfin la figuration précise de l'acte. C'était donc là qu'il avait sauté sur Garin. Au milieu des blancheurs et du grondement. Il avait basculé avec la barque, et Garin avait dû lutter (combien de temps ?) contre la limaille de rage. Et Thaël avait coulé dans la barre, mais il s'était porté vers l'embouchure de la Lézarde (Valérie regarda la moisson jaune sans espoir, les eaux boueuses qui faisaient un trou infertile là-bas, et elle remarqua comme le sable était noir, d'un noir brillant, total, insoutenable, autour de ce béant achèvement), et il avait abordé là, à cet endroit précis où on avait tiré un gommier, retour de pêche. Là, où la vague lapait doucement la plage, à cet endroit si éloigné de la fureur de la barre, près des filets de pêcheurs et des écorces de cocos, dans le calme décor des travaux. Et Valérie, immobile, pensait à sa maison ; la barre lui imposait ce rapprochement : elle comparait le déhanchement d'eau et le refuge de verdure, la plate fureur avec sa crête et le val avec sa demi-savane. Elle pensait qu'en vérité Mycéa n'avait pas eu tort ; que toute cette signification des lieux et des forces qui brûlaient dans les lieux ne lui était pas apparue. Qu'elle avait grandi dans l'insouciance ; qu'il ne suffisait peut-être pas de savoir, qu'il fallait peut-être crier aussi cette science. Valérie, immobile, essayait d'entrer dans la barre, ou que la barre fût dans son cœur et dans sa poitrine, avec la violence et la précision. Et à mesure que l'ombre descendait sur la mer, elle voyait de plus en plus distinct le trait d'écume, comme une racine étalée, mais une racine dont la voix trouait aussi l'espace jusqu'à elle.

Alors, Mycéa rompit l'engourdissement.

– Il commence à être six heures...

Elles revinrent vers la ville, elles traversèrent le grand miroir que faisait la Lézarde sur la plaine, elles s'éclaboussèrent avec de larges cris ; mais chacune d'elles pensait à la rivière que Thaël avait suivie sans en excepter un seul tournant.

Devant la mairie, elles attendirent avec les garçons. Tigamba vint près d'eux et Mycéa lui cria : « Alphonse, tu es plus qu'un frère. » Ils attendirent jusqu'à neuf heures, où ce fut l'annonce des résultats. Mais après les premiers moments de liesse il fallut raccompagner Mathieu chez Mycéa (« Ne dites rien à ma mère », murmurait-il). Ils attendirent dans la première pièce, tout ouverte à l'agitation. La même pièce qui les avait accueillis au jour de l'accident. Et on pouvait dire que les bruits, les paroles, les rumeurs qu'ils avaient alors souhaité entendre, ils les entendaient en ce moment de victoire. Or, ils étaient silencieux devant la maladie, si soudaine. On avait porté Mathieu dans la chambre du haut.

– Une chance, murmura Luc, que Mycéa ait hérité de cette maison.

Ils attendirent. Mais bientôt, plus fort que l'inquiétude, plus fort que l'amitié, vint l'appel de la retraite aux flambeaux.

– Je comprends, dit Mathieu à Mycéa, je comprends. Dis-leur d'y aller. Il faut fêter la journée. Et toi aussi.

– Jamais ! cria Mycéa. Je suis près de toi, c'est pour toujours.

Et ainsi ils partirent tous vers la mairie où se faisait le rassemblement. Ils partirent brusquement, en groupe, pour avoir le courage. Pourtant, Valérie et Thaël restèrent près de Mathieu un long moment avant de rejoindre les autres.

– Tu vois, dit Mathieu, on a beau faire, à la fin on est seul.

Mycéa rit. Elle était encore moqueuse.

– Tu n'es pas seul. Martyr, martyr. J'existe un peu, non ?...

C'est ainsi qu'ils purent le quitter, sans que l'amertume fût trop forte.

Mais après la retraite aux flambeaux, Thaël et Valérie n'eurent pas le courage de remonter chez Mycéa. Thaël raccompagna Valérie (c'était la première fois que la jeune femme sortait si tard, et quoique sa marraine eût voté pour le Représentant il n'était pas sûr qu'elle appréciât une telle inconduite) ; mais alors qu'ils auraient dû obliquer vers la maison de Valérie, ils continuèrent lentement, sans s'être concertés, vers la mer. C'était leur veillée, leur dernier temps incertain avant la vie de chaque jour. Ils ne furent plus qu'un seul corps dans la nuit de la mer. Ils oublièrent tout le chemin, toute la longue impatience, toute la complexe fureur. Ils furent tour à tour un voilier de tendresse, une marée de forces, un tremblement de bonheurs. Ils vécurent mille ans sur cette plage, depuis le premier geste d'amour jusqu'à l'acte implacable de justice. Ils virent les pays de papa Longoué, et ils connurent les brasiers au fond de la grotte où l'instinct se réfugie (et Thaël pensa même, en un moment de rêverie inachevée, que Mathieu l'avait jadis sommé « de se tenir sur le rivage »), ils coulèrent dans le temps qui jusqu'à eux menait sa rivière sans crue, ils furent sur l'océan, ils furent dans la révolte, ils connurent le goût des fruits de la forêt marronne, ils revinrent ensemble dans le présent presque éclairci, presque adouci, et ils se connurent encore tout exaltés et tremblants de la fatigue de la journée, transpirant encore, avec sur la peau l'odeur des flambeaux de la retraite, le parfum de fumée de cette course éperdue à travers les rues de la ville, et ils se retrouvèrent l'un près de l'autre, enfin libres de s'aimer (et pas un instant la pensée de la barre ne vint les troubler, et pas un instant ils ne se rappelèrent la nage terrible, ni Thaël qui l'avait vécue, ni Valérie qui l'avait imaginée), enfin donnés l'un à l'autre par la calme certitude.

– Ouaïlle, ma marraine ne sera pas contente.

– Elle dormira, sois sûre.

– Monsieur, tu veux me faire tuer !

Ils se levèrent ; mais au moment de partir la mer les retenait encore. Ils écoutèrent le fragile murmure. Ils sondèrent la noire couche, çà et là traversée d'éclairs bleus et verts, parfois striée d'éblouissements blancs. Thaël voulut marcher dans les vagues. Valérie courait, elle était le flot de la terre, elle baignait la terre.

– La mer des Caraïbes ! La mer des Caraïbes... Tu ne trouves pas que c'est trop long ? Il faudrait un nom plus saisissant...

– Mais c'est plus juste ! Ils ont été massacrés... Qu'au moins la mer garde leur souvenir...

– Alors, dit Thaël, qu'elle garde aussi notre mémoire, souhaitons ! quand nous aurons passé derrière la grande lune.

VI

Tu étais assis, et tes jambes, ton corps frémissaient : la retraite aux flambeaux ! Tu étais là, devant la maison de Mycéa, incertain. Tu avais entendu les premières notes du trombone et de la clarinette : le rauque tremblement du trombone, les fausses tendresses, les rires, les soudaines moqueries de la clarinette. Et parfois, comme désireux de se ménager, comme soucieux de ne pas encore libérer son lourd martèlement ou ses cavaleries, le tambour qui faisait trembler l'âme d'un seul et profond appel. Tu étais avec Pablo et Margarita et Gilles et Michel ; tu t'attardais comme eux autour de la maison, dans l'ombre de la maladie ; tu te demandais pourquoi Valérie et Thaël ne sortaient pas. Que faisaient-ils ? Que disait Mathieu ?

Tu les avais suivis, aidant un peu. Tu avais même, avec Gilles, déplacé le lit de telle sorte que Mathieu fût éloigné de la fenêtre : tu étais donc entré dans la chambre, tu avais respiré l'odeur brutale de maladie ; l'odeur qui vous saisit bien avant que l'on apporte les remèdes. Qu'as-tu fait alors ? Qu'as-tu fait ?

(Je m'interroge, et tout aussitôt les réponses viennent ; elles sont là, inscrites indélébiles dans le passé. Chacun de nous aura beau composer, ruser, le rouleau qui ramène toujours le souvenir des mêmes actes inscrit

221

aussi les mêmes sentences... – Je te le dis, ce que tu as fait.)

Tu étais là, assis sur le rebord de terre, près de la maison. Et tu n'osais pas partir, mais tu tremblais ; le cri à travers les rues grossissait, le trombone allongeait sa note, la clarinette tressautait, tu avais le cœur comme un tambour. La retraite aux flambeaux !

Tu demandais : que font-ils, Valérie et Thaël ? Que dit Mathieu ? Mais il y avait une force qui t'attirait vers la mairie. Tout ton corps tremblait, et quoique tu eusses pensé à Mathieu malade et seul, qui avait tout fait pour vous tous, et qui serait frustré de ce plaisir, et qui serait par votre départ rejeté plus profondément encore dans sa solitude (oui, malgré Mycéa et l'amour de Mycéa), tu partis soudain en courant, comme pour balayer d'un seul coup les remords, les hésitations ; tu bondis à travers les rues vers le jardin enfumé de la mairie. Tu oublias Mathieu (quoique tu eusses auparavant demandé : que fait-il ? – Question hypocrite car tu savais ce qu'il disait : que la solitude était pour lui, et le plaisir pour les amis... Mais il le disait sans envie ni rancune). Tu bondis, et les autres te suivirent. Peut-être heureux de n'avoir qu'à te suivre, toi le gamin, qui avais décidé ; et à ce moment tu accédais à leur niveau, tu étais vraiment le chef. Ainsi ta première initiative, ton premier commandement furent marqués par l'abandon et l'insouci.

Oho ! Ého ! la retraite aux flambeaux ! Tout devant, l'orchestre. Le trombone et la clarinette qui se répondaient par-dessus la masse du tambour. Puis les élus locaux, avec leurs écharpes. Puis la foule enivrée de bruits et de chant. Le même interminable refrain scandé partout, qui pénétrait dans chaque maison, qui traquait les bien-pensants au fond de leurs chambres matelassées ; la même interminable frénésie.

222

Les flambeaux t'entouraient, sculptant des flammes sur ta figure ; quand tu partis vers le fond de la rue, suivant le flot qui avait enfin débouché du jardin, tu n'étais plus qu'un seul roulis de cris et de tam-tam.

La foule s'ébranla en assez bon ordre. On avait remisé les costumes du dimanche ; les pantalons retroussés, les chemises ouvertes étaient la règle. Il y avait des ouvriers agricoles avec leurs coutelas, des pêcheurs sous leurs larges chapeaux bacoua dont la paille raidie d'eau de mer vous accrochait et vous déchirait au passage. Le chant commença lentement, mais à peine était-on à la moitié de la rue Schœlcher (anciennement rue Saint-Laurent), la criée était déjà totale.

Pensais-tu à Schœlcher, l'homme qui vint de là-bas, il y a juste un siècle, pour te défendre dans l'avenir ?

La marée déferlait entre les maisons tellement banales, avec leurs toits de tôle qui avançaient sur le trottoir. Ce fut une course délirante, bras dessus bras dessous jusqu'à la rue Bayardin (et là, je sais que souvent tu t'es demandé ce que pouvait avoir été ce monsieur Bayardin ? – sans doute un des maires de la ville), en passant devant le cinéma El Paraiso, tu disais l'Elparéso, et tu n'eus pas un regard pour ce lieu de toutes les chevauchées où si souvent tu avais trépigné avec les camarades de Troisième, tout près de l'écran, prenant le parti de cette justice conventionnelle que représentait le « maître-pièce » aux revolvers rapides, aux poings durs.

Dans la rue Bayardin, qui s'allongeait parallèlement à la rue Schœlcher, tu passas en criant, remontant et descendant le flot (car l'ordre relatif du départ n'avait pas résisté au débordement), devant le couloir de ciment au fond duquel la mère de Mathieu veillait, seule dans ses deux petites pièces obscures (presque des cages de planches sous les tôles) ; et tu ne pensas qu'un instant, l'éclair d'un regard au fond du couloir, à sa mère couchée sous la petite étagère avec l'image de la Vierge et le crucifix ; écoutant le bruit énorme, ne sachant s'il fallait qu'elle se réjoût, et peut-être tâchant vainement de distinguer sa voix, la voix de son fils lointain, dans cette Voix sans fin.

Et tu vis enfin Valérie au bras de Thaël, accrochée, soulevée. Et à un moment tu l'entendis crier : « Ma marraine sera fâchée ! », mais Valérie elle-même ne pouvait te distraire de l'emportement et du rythme de la course. Tu n'accordas même pas un deuxième regard à Valérie lumineuse dans les éclats d'ombre et de phosphorescence. Les enfants faisaient autour de la colonne comme un tourbillon, la pulpe légère et changeante de ce fruit dont les hommes et les femmes étaient le noyau hurlant.

Et ce fut la rue des Barrières (mais il n'y avait pas de barrière) qui coupait la Grande Rue tout en haut, à l'endroit où celle-ci devenait presque un sentier conduisant à la gendarmerie, à l'hôpital, au terrain de sports et à la campagne.

Pensais-tu à toutes ces cannes dans la campagne, à cet innommable terrain vague qu'on appelait le Stade, à cet hôpital vétuste, lépreux, tremblant ?

Chacun se fit une joie de rythmer le chant devant la gendarmerie (noire, volets clos, et on pouvait voir les chevaux dans l'écurie au fond de l'allée, leurs croupes luisaient), et le flot déborda dans la rue des Barrières jusqu'à son croisement avec la rue de l'Abattoir qui redescendait vers la place. Et là, ce fut encore plus beau, plus terrible, entre les arbres, dans l'encaissement de cette rue qui était aussi un sentier. Il n'y avait presque pas de maisons ; seulement l'ombre tapie au fond du chemin, entre les grands feuillages. Et les flambeaux étaient plus fantastiques encore ; on pensait à des histoires, à des contes, à des sorciers. Toute cette ruée noire entre les cours haut plantées, puis l'arrivage sur la place (passé l'abattoir aux odeurs troubles), où le flot s'étalait, se diluait, hésitait. Toute cette descente dans la noirceur des contes et des légendes, et à la fin la clarté de la place Calebassier, son trop large espace, sa rassurante banalité.

Mais avais-tu pensé, au croisement de la rue des Barrières et de la rue de l'Abattoir, avais-tu pensé à la maison de Mycéa, plus loin dans la campagne ? Avais-tu pensé à l'ami, au frère qui entendait l'écho du grondement, et qui croyait voir les flambeaux ? Qu'avais-tu dans la tête au moment de te précipiter dans le sentier entre les arbres, porté, soulevé par tes voisins ? Posais-tu encore l'hypocrite question ? Demandais-tu encore : « Que dit Mathieu, que dit-il ? »

– Je te confie ce que disait Mathieu, seul dans sa chambre :

« Maintenant, je ne pourrai plus continuer mes recherches. Trop malade, trop faible. Me soigner. Comme si la recherche patiente du passé ne pouvait pas s'accorder avec les tâches du présent ? Mais je sais qu'elles s'accordent. C'est en moi, la maladie.

« Mycéa, Mycéa. Comment avoir été si aveugle, si longtemps ? Pourquoi ? Cette force qui sans cesse me tire du côté de l'impossible ?

« Comme si, oui, toute cette valse dans la nuit, et c'était pour me chercher moi-même, toute cette tension avec les autres, m'avaient dépouillé de ma chair.

« Dis-moi, femme, ma femme, un homme ne doit-il pas profiter de son travail et rire et danser avec ses frères quand il voit venir le matin ?

« Et y a-t-il une barricade, une barrière entre nos pères et nous ? Faut-il que tout soit terminé parce que nous avons décidé d'être chaque jour plus précis, plus près de nous-mêmes ? Non, non. Nous n'avons rien décidé. C'est tout ce peuple qui a dirigé. Qui nous emporte, nous les enfants. Que sommes-nous ? Seulement des marques sur le champ. Les repères sur la dérive. Non pas ceux qui sont au gouvernail, mais les passagers attentifs. Et ainsi, Mathieu, ne t'attriste pas. Ici ou là-bas, dans ce lit ou par les rues, c'est toujours le même courant. Tu es dedans. Entends, entends le bruit. Ils sont au croisement, ils vont descendre la rue de l'Abattoir. Ils pensent à moi ? Ils n'ont pas le temps. Ils crient. C'est bon qu'ils crient. Mathieu, laisse-les crier. Reste là, dans ton lit. C'est ton square, non ? C'est ton jardin public, maintenant. C'est ton banc, au fond à gauche. Pour toi et pour Mycéa. Ils feront le tour du jardin. Peut-être qu'alors ils penseront à moi. Ils diront : "Tiens, Mathieu est dans le jardin, allons voir, sur le banc du fond. Non, pas celui-là, l'autre, celui de gauche. Où est-il ? Mathieu, où es-tu ?" Ils me cherchent. Je suis là, avec vous. Mais écoutez, écoutez, je lâche tout. Un autre continuera le travail, un autre fera les recherches. Je me suis arrêté à la grande révolte de 1788. Le général-comte avait fait tuer pas mal, il avait déporté les survivants dans la grande île du Nord. Voilà, j'en suis resté là. Et il y avait eu, cette année (pour repeupler), un énorme arrivage de la Guinée, et beaucoup d'entre ces nouveaux marronnèrent dans les bois. Voilà, j'en étais là. Qu'un autre continue. Trop faible. Trop vide.

« Mycéa chère, il nous faut partir. Me soigner. Voilà, nous avons fait peu de chose. Mais enfin. On peut dire que nous pouvons parler maintenant, des phrases toutes rondes, pas des sifflements, non, pas des mots qu'on lâche en rafale, nous pouvons dire tout à plaisir les

226

choses, tout en rythme, tout en longueur, dire : "Je dis",
à tous, à tous.

« J'entends leur bruit, c'est comme si j'y étais. C'est
fini la solitude. Roulez, tambour ! Voilà, je redeviens
lyrique, je ne peux pas m'empêcher. Toute cette fatigue.
Pablo, ne m'oublie pas. Thaël, n'oublie pas ton frère !
Qu'est-ce que j'ai ? Mycéa va revenir. Avec les remèdes. Elle me fera boire de l'herbe amère ou de l'herbe
puante. Elle ne pourra pas faire autrement, avant le
médecin. C'est dans le sang, ces herbes. Il y aura ses
mains. Elle se moquera. Elle aura vu les flambeaux.
Tristesse. Tristesse. »

– Je suis paisible, dit Mathieu.

Et à cette heure tu repartais avec le flot. Pensais-tu
à Mathieu ?

Après le moment de flottement, après la dispersion
sur la place, ce fut l'assaut de la Grande Rue. Comme
elle montait, cette rue. Les trottoirs en gradins, où les
enfants sautaient d'une marche à l'autre, refluaient,
pour à nouveau se lancer dans l'escalade folle. Les profonds caniveaux entre le trottoir et le goudron, où il
fallait faire attention de ne pas tomber. Tu étais près de
Thaël et de Valérie.

Pensais-tu que pour Thaël c'était comme la première
fois qu'il voyait cette rue ? Avec des boutiques fermées,
les paravents qui débordaient presque sur la chaussée.
Une grande rigole, un toboggan, mais il n'y tombait
pas de la canne ! Et Thaël vit plus haut les terrains
charbonnés laissés par l'incendie ; il pensa qu'il était
content : on avait commencé une nouvelle maison.

C'était inutile de remonter la Grande Rue jusqu'à la
rue des Barrières. Il valait mieux tourner dans cette
ruelle, bien avant, toute barrée sur un côté par un mur

haut de quatre mètres. Qu'y avait-il derrière ce mur ? Un jardin, une piscine, cela sur toute la longueur de la ruelle, avec la maison à un bout et les communs à l'autre. La maison de Garrott, qui avait été le maître de la ville, l'homme le plus détesté, le symbole même de l'exploitation. Quatre mètres, une forteresse. On disait : un jardin, une piscine ; mais qui les avait vus, hormis les bonnes, les nounous, les das ? Et qui fréquentait les nounous ou les das ?

La clarinette glapissait devant ce mur. Pensais-tu à la frontière glacée, opaque, que représentaient ces quatre mètres de béton armé joliment peints en jaune sur toute la longueur d'une rue ? Pensais-tu à l'imbécile séparation ? Pensais-tu que les Garrott s'étaient ainsi mis, et leurs semblables pareillement, au ban de ce pays ? qu'il faudrait combien d'efforts, de luttes, quelles générosités, pour que cette frontière tombe ? Pensais-tu à toutes ces frontières dans le monde ?

Luc criait plus fort ; comme devant la gendarmerie, le flot s'arrêta, les voix clamèrent. Ombres fantastiques sur ce mur de prison. Puis la course continua dans la rue qui longeait l'église et autour du jardin public : les deux venelles pavées, si étroites, avec le jet d'eau de bronze vert derrière le jardin. Une boucle rapide. La tête de la colonne coupa le flot, ce fut le tumulte. La rue Schœlcher fut à nouveau balayée par la marée. Devant la mairie, le peuple piétina. On ne savait comment conclure, comment marquer le bout du chemin ; l'ordonnance du départ s'achevait en belle et nocturne flambée.

Pensais-tu que cette rivière, qui avait coulé à travers les rues de la ville et qui avait fini sa course dans le delta tumultueux devant la mairie, signifiait vraiment la totale libération ? Qu'elle avait suivi le même cours que le langage : d'abord crispé, cérémonieux, mystérieux, puis à mesure plus étale, plus évident, plus lourd de bruits et de clameurs ?

Et pensais-tu à la Lézarde, à son langage débordant ? A toute cette eau qui avait envahi la plaine, cernant la ville au plus près ? Et la ville était, dans la nuit de ce dimanche, un seul point rougeoyant, une seule vocation de joie et d'acharné plaisir au milieu de l'eau jaune, tout au fond de la nuit.

Tu vis passer Mycéa : elle fendait droit le flot, elle ne s'arrêtait pas, elle ne voyait pas les flambeaux, elle écartait sans façon les amis, les inconnus, les enfants. Elle courait, elle cherchait les remèdes pour Mathieu. Peut-être qu'à ce moment, voyant la jeune femme concentrée, hâtive, qui passait à travers les cris, le chant, le rythme, les lumières (elle qui eût tant aimé goûter à cette joie, connaître ce bonheur de tous), revins-tu enfin de ton exaltation ? Alors tu sus (non pas avec la claire évidence mais tout au fond obscur de toi) que tu n'avais rien oublié. Que l'exaltation même et la furie du chant avaient été plus qu'un salut, une bordée de gratitude et de reconnaissance en l'honneur de ceux qui t'avaient fait, qui t'avaient construit (exactement comme on fait une statue avec des boules de terre noire, ajoutant les bras et les jambes, dessinant la tête, les yeux, la bouche, avec une épine d'acacia), et pas seulement toi, non, pas seulement, mais ce peuple aussi dans la rue.

Tu n'avais pas oublié, tu avais chanté.

Schœlcher le libérateur ; et les marrons dans les bois ; les fouettés, les assassinés. Les généreux, qui avaient eu de grandes idées d'apaisement et de conciliation. Les décidés, qui n'avaient pensé qu'à la vengeance. Les abusés, bâillonnés par leur rêve d'illusoire égalité. Ta mère ; et Mathieu ton frère, et Mycéa ta sœur.

Tu compris soudain que cette histoire n'avait été qu'une féroce poussée pour échapper à la mesquinerie qu'on imposait à ce pays, à la petitesse dont on l'accablait en même temps qu'on lui distillait la honte et la misère. Un effort absolu pour rejoindre le flamboyant, le fromager terrible, la barre resplendissante. Tu compris ainsi pourquoi la misère n'avait jamais été par Mathieu ni par Michel ni par Thaël dénombrée, mesurée, sériée dans son détail le plus incroyable ; pourquoi il leur avait pour un temps suffi de reconnaître la nature de cette misère, la grise et avilissante condition. Pourquoi ils avaient dans un élan de flamme voulu rayonner hors de ce lieu de désolation. Et tu compris, voyant Mycéa fiévreuse au milieu de cette fièvre de la ville, qu'ils avaient atteint l'arbre des splendeurs, connu la mer magnifique et sans fin ; qu'ils ne supporteraient plus (ni toi ni ce peuple) l'étau qui rapetisse, le féroce vêtement. Mais qu'aussi, dans cette liberté soudaine, c'est-à-dire soudainement connue, surgie sombre et flamboyante, déjà le réel s'imposait d'une nouvelle façon. La maladie, les remèdes. Il fallait maintenant, avec la vaillance de celui qui a bien lutté, qui sort vainqueur de la ronde, il fallait dénombrer les plaies. Avec patience et ténacité. Comme Mycéa tout d'un bloc fendant la foule, sans une pensée pour cette splendeur de la nuit. Mais sois sûr, la splendeur était en elle.

Et ainsi le nœud était défait, le langage libéré. Il eut un discours devant la mairie : tu avais trop couru, trop crié, tu étais trop emporté pour bien suivre le sens des mots. Les mots sont à la surface, ils témoignent pour le chant et la danse et le rythme éternels. Les mots sont nécessaires. Il faut les entendre. Mais il y a des moments où il n'est pas urgent de les écouter. Leur écho seulement, leur présence concrète seulement ; et ils réveillent le fond. Ils peuvent conclure : alors la conclusion n'est pas de logique froide, mais d'apaisement chaleureux.

La foule commença à se disperser ; chacun revenait à ses soucis. Alphonse Tigamba était là ; le jeune agent de police avait suivi la retraite aux flambeaux ! Valérie disait à Thaël : « Je t'assure, elle aurait préféré que nous habitions chez elle ; elle va dans le Sud. » Pablo, Gilles, Luc, Margarita, Michel. Ils décidèrent de remonter chez Mycéa. « Mathieu dormira », dit Luc. Valérie et Thaël ne voulurent pas les accompagner. Il fallait entrer.

(Je me parle ainsi, revoyant par images rapides et sèches la fin de ce jour...)

Et comme nous allions partir pour de bon, un bruit courut partout ; on ne savait qui avait apporté la nouvelle. « C'est fini, il nous a quittés, le vieux nègre ! »

Le dernier nœud du nœud.

« Il est parti, notre nègre de Guinée ! »

Mais la seule soudaine animation prouvait qu'il n'était pas parti. Il était plus présent que jamais, il était redescendu des bois où depuis l'an de tuerie et de grand arrivage 1788 sa famille avait tenu. Avec lui, la terre des Ancêtres pénétrait enfin l'âme commune. Sans les mystères, sans les légendes ; sans la science de la nuit ; la terre dénudée, mais vivante. Chacun tournait le regard vers la case invisible dans les bois (les jeunes surtout, car les aînés avaient tellement appris à oublier qu'ils ne ressentaient au fond d'eux qu'une sourde inconnue tristesse). Les gens restaient debout, incertains, des frémissements de voix couraient sur la rue. On pouvait dire qu'il avait gagné son combat, le vieux guérisseur, le vieux marron (oui, c'était bien là le moment élu où le passé s'accordait enfin avec la qualité originale du présent) ; et on pouvait penser qu'il n'avait jamais été plus vivant qu'à cette minute, où une foule vibrante encore de cris et d'ardeur s'immobilisait, dans la clarté déclinante des flambeaux, disant : « Il est parti, le vieux nègre ! Papa Longoué cette fois est bien mort. »

VII

Je pense que ce fut la dernière fois qu'ils se réunirent tous : le jour du départ de Thaël et de Valérie. Mathieu était encore malade (mais il était autorisé à descendre dans la cour) ; on commençait à croire que c'était la tête qui n'allait pas. Il dépérissait, il languissait ; il avait des accès de mélancolie incompréhensibles, d'autant que chacun pouvait apprécier l'intensité de son amour pour Mycéa. La jeune femme faisait front avec audace (provoquant parfois les colères de Mathieu à force d'ironies) et elle le soignait désespérément. La mère de Mathieu était à demi morte de chagrin et de peur, mais elle comprenait que Mycéa fût la mieux habilitée à soigner son fils. La ville avait appris sans surprise que Mathieu habitait chez Mycéa. Il en avait été ainsi depuis assez longtemps, mais la situation n'avait jamais paru si officielle. Le père et la mère de Mycéa se plaignaient de l'irrégularité de ce ménage, mais ils connaissaient Mathieu et le jeune homme avait leur estime. Ils s'étaient eux-mêmes mariés après la naissance de leur fille. Dans ce pays, disait Pablo, les enfants illégitimes sont si naturels que ce sont les légitimes qui ont des complexes. Et il lançait à Luc :

– Tais-toi, fils du devoir. Nous sommes les enfants de l'amour !

Monsieur le Curé faisait des démarches pour que

Mycéa et Mathieu, qu'il avait eus au catéchisme, « régularisent ». Les opinions politiques des deux jeunes gens ne le rebutaient pas, au contraire. Ce serait une belle victoire que de les voir sur les fauteuils du chœur et de leur adresser un discours bien senti sur les devoirs du chrétien. Monsieur le Curé aimait bien ces enfants turbulents.

Oui, je pense que ce fut la dernière réunion de tout le groupe. Depuis ce soir des élections j'étais admis parmi eux, titulaire à part entière en quelque sorte. L'enfant avait grandi dans le tumulte de la retraite aux flambeaux.

— Papa Longoué est mort, dit Mathieu avec rage. Tant pis ! Il a duré, le bougre. La vieille Afrique s'en va. Vive papa Longoué. Il y a autre chose aussi ! C'était là son tort. Il ne savait pas qu'il y a autre chose.

— Mais ce qu'il voulait, cela existe. Tellement qu'on a tout fait pour que nous oubliions.

C'était le doux après-midi. La nostalgie dans la chaleur. Qui parlait, qui se taisait ? Chacun de nous était vague, somnolent (sauf peut-être Luc et Mathieu) ; on pouvait voir très nettement les Pitons quand on levait les yeux ; mais nous regardions avec fixité vers les fleurs du jardin, nous étions tristes doucement

— Papa Longoué, plus autre chose.

— Autre chose, qui englobe aussi papa Longoué.

— Autre chose, mais qui prend appui sur papa Longoué.

— Ah ! là là, vous n'avez pas fini.

— J'ai fini, dit Michel. Je vais là-bas, en France. Je continue mes études.

— Eh ! ingénieur, tu nous feras des ponts qui tiennent.

— Tu arrangeras la Lézarde. Promets. On prendra les terres du bord de mer. Ho ?

— Moi, j'irai du côté de chez Lomé. J'ai là une bande

de terrain. J'en ai assez de la canne partout. Je planterai mes dix hectares. Je ferai de l'élevage.

– Tu n'y connais rien.

– J'irai avec Alphonse.

– Oui, dit Alphonse.

– Nous prendrons Lomé avec nous. Il est d'accord. Trois associés.

– On croirait une liquidation de biens, cria Mycéa. Vous n'êtes pas gais.

– Nous prenons rendez-vous, tu ne vois pas ? A se revoir dans vingt ans.

– J'ai comme un pressentiment, dit Margarita.

– Tais-toi ! cria Gilles.

– Que ferez-vous tous les deux ?

– Gilles reprendra mon travail de recherches. Il aura un nouveau bureau à la mairie, dans la bibliothèque même.

– La bibliothèque est à nous tous. Nous l'avons montée. Je n'ai pas le droit.

– Tu t'en serviras pour le mieux.

– J'ouvrirai un commerce de livres. Avec le travail de Gilles nous pourrons tenir.

– A quand le mariage ?

– Il nous faut boire votre sang avant de partir.

– Est-ce que tout le monde part ?

– Faites-le avant que je prenne le bateau. Je ne veux pas manquer ça.

– Dans un mois.

– Je pars aussi, dit Luc.

– Vous n'êtes pas gais, non.

– Il faut vivre.

– Voilà. Il faut vivre. Tu vois, Thaël. Tu nous connais maintenant. Tu connais les pères, les mères, tout le ressortissant.

– Sais-tu que nous sommes cousins, Mathieu ?

234

– Valérie ma cousine, je sais.

– Voilà. C'est ça.

– Toutes nos prétentions, dit Mathieu. Toute cette prétention que nous avions. Pour avoir découvert trois vérités.

– Je suis prétentieux, déclama Pablo.

– Penses-tu que nous soyons les premiers ? Notre seul avantage, c'est d'avoir tous ces héritages dans la cervelle.

– C'est important, ça.

– Oui. Mais la grandeur que nous voulions ? Cette manière de décider, de parler à mots secs, comme si nous connaissions tous les dessous ? Nous avons pris la chaleur à notre compte, c'est bon. Mais nous avons inventé la flamme.

– La flamme existe.

– Regardez. Nous disions toujours : la ville. Il faut rire. Qu'est-ce que c'est ? Vingt mille habitants. Un gros bourg. Même pas la capitale du pays. Comme il y en a des millions et des millions. Rien qu'un bourg. Mais nous disions : la ville. Si loin de tout, au milieu d'un coui de terre au milieu de la mer sans fin.

– Il est comme ça depuis sa maladie.

Mais aucun de nous ne comprenait les tourments de Mycéa ; nous étions autour de Mathieu, à l'écouter comme toujours, même si nous ne disions pas oui, oui.

– Il y a une valeur, sûr. Tout notre peuple. Une grande immense signification. Presque tous les peuples du monde qui se sont rencontrés ici. Non pas pour une journée : depuis des siècles. Et voilà, il en est sorti le peuple antillais. Les Africains nos pères, les engagés bretons les coolies hindous, les marchands chinois. Bon, on a voulu nous faire oublier l'Afrique. Et voilà, nous ne l'avons pas oubliée. C'est bien, c'est bien. Mais est-ce une raison pour nous croire autant ? Notre peuple ne se croit pas.

– C'est un bourg, d'accord. Nous ne sommes qu'un point dans l'infini, Mathieu, mais nous avons fait tout le travail. Rappelle-toi, tu m'as dit : « Vous êtes venu de votre plein gré. » La grandeur par ici, c'est d'avoir crié vers le monde. Ce peuple, si étroit dans ses îles, si abandonné, terré sous le manteau de mépris et d'oubli, il est venu au monde.

– Des mots, dit Mycéa.

– Alors, comment veux-tu que nous n'ayons pas été éblouis, nous les premiers au monde, les premiers à trouver l'ouverture, la génération qui bénéficie à la fin du terrible travail souterrain des aïeux ? Et nous sommes venus de notre plein gré.

– Je me croirais à l'école, au moment de la moralité. Qui est maître d'école par ici ?

– Mais les détails ? dit Mathieu. Nous avons tellement parlé de la misère que c'est devenu un monstre sans corps. On ne sait même plus où c'est, la misère. Un pur esprit.

– On la connaît, on la connaît dans les pires profondeurs. Moi, je crois que maintenant nous pourrons nous y attaquer. De front. Il fallait savoir ce que nous sommes, non ? Il fallait sortir de cette nuit où on étouffait, non ? Aujourd'hui, on peut dire que le temps nous a rattrapés. Voilà, nous sommes en septembre 1945, le 14, un peuple neuf et attentif. Voyons nos blessures, voyons nos maladies.

– Et peux-tu dire ce que c'était, la nuit ?

– Ce que je sais, c'est que le plus terrible a été pour en sortir. La conflagration, la lumière sans faiblesse, la grande ruée.

– Nous en sommes sortis ?

– Puisque nous en discutons.

– Ce qui n'est pas dit ne profite pas.

– Une liquidation, je vous dis, une vraie liquidation ! Mais qu'avez-vous tous ?

Mathieu se tourna vers moi.

– Tu pars avec Michel. Tu vas en France. Tu ne construiras pas de ponts. Mais il faudra que tu dises tout cela.

– On te confie l'écriture. C'est ça.

– Fais une histoire, dit Mathieu. Tu es le plus jeune, tu te rappelleras. Pas l'histoire avec nous, ce n'est pas intéressant. Pas les détails, Thaël a raison, nous les connaissons, nous. Fais un livre avec la chaleur, toute la chaleur. Celle qui te fait saoul, celle qui te rend nostalgique. La chaleur qui protège, qui enrichit. Et le soleil, on ne sait s'il faut pleurer ou crier. Le bon soleil maître des chairs. Notre protecteur éternel. Fais-le avec la monotonie, les jours qui tombent, les voix pareilles, la nuit sans fin.

– Voilà, il te l'écrit, ton livre à mots.

– Fais-le comme un témoignage, dit Luc. Qu'on voie nos sottises. Qu'on comprenne notre chemin. Et n'oublie pas, n'oublie pas de dire que nous n'avions pas raison. C'est le pays qui a raison. Fais-le sec et droit au but.

Thaël sourit tristement.

– Fais-le comme une rivière. Lent. Comme la Lézarde. Avec des bonds et des détours, des pauses, des coulées, tu ramasses la terre peu à peu. Comme ça, oui, tu ramasses la terre tout autour. Petit à petit. Comme une rivière avec ses secrets, et tu tombes dans la mer tranquille...

– Allons, tu as du travail.

– Fais-le comme un poème, murmura Pablo.

Je ne savais que dire, j'étais ridicule, là, au milieu des amis. Ils me bousculaient un peu. Ils s'amusaient.

Chacun sentait que les ombres de la nuit pareraient bientôt le jardin. Nous qui avions tant de bruits en nous, tant de poussées flamboyantes, nous tâchions de tromper l'étalement, l'inquiétude sournoise. Avec des mots de rien, lâchés comme billes.

Ce fut bien la dernière fois qu'ils se virent tous réunis ; et ils le savaient alors, sans qu'aucun d'eux osât l'avouer.

– Oui. La jeunesse terminée. Il faut vivre.

– Je pars aussi, dit Luc.

– Pourquoi aurions-nous été inutiles ? Chacun est là pour avoir sa part.

– Toutes vos histoires. Toutes vos histoires.

Lomé arriva. Il était, comme toujours, gaillard et plein d'entrain. Salut Lomé.

– Alors ! Qu'est-ce que c'est ? Un enterrement de troisième classe ? Ho ! je suis venu chercher mes associés.

L'ardeur et la joie avec lui. Il secouait tout le jardin. Il avait son coutelas, il traçait de larges moulinets. Ses cheveux crépus, coupés ras, blanchissaient par endroits. Son chapeau de paille voltigeait soudain au bout du coutelas.

– Ah ! ces jeunes gens de la ville. Vous avez oublié le tam-tam, ho ? C'est ça que je ferai, je mettrai un tam-tam au plein mitan de la cour, pour la paresse et la police ! Avec un tonneau. Sacré tonnerre, ça c'est bon d'avoir un petit quelque chose. Dix hectares, tu vois ça, ce Pablo, il a de la ressource. Quand j'ai dit : « Désirée, nous allons travailler pour nous-mêmes », elle a ouvert des yeux grands comme ça ! « Monsieur Lomé est devenu fou, il est devenu fou ! Ce soleil, c'est ce soleil ! » J'ai dit : « Femme, laisse le soleil là où il est. Fais tes paquets. Nous allons travailler avec le jeune étudiant et le grand responsable de la police. » Elle me dit : « Travailler quoi ? » Et tu sais ce que je réponds ? J'ouvre ma large gueule, et je réponds : « Pas canne à sucre ! » Oui, monsieur. Je réponds : « Légumes, et banane, et poule et cochon dans les parcs. » Madame Lomé dit : « Avec quel argent ? » Et qu'est-ce que je réponds ? Je reste là, je ris, je ris, et je dis : « Les économies, et un emprunt, ma chère. » Alors, madame ma femme dit : « Un emprunt à qui, monsieur Lomé ? » Alors là, aussi sec, je dis : « Ma femme, les affaires des hommes ne courent pas la grand-rue ! » Ho ?

– Alcide, tu es un chef !

– Ça fait deux avec toi, Mathieu !... Qu'est-ce que c'est ? On dirait la veillée sans rhum. Vous n'avez pas honte, vous la jeunesse ?

– Lomé, laisse-nous le temps. Nous sortons à peine de la valse. Les élections sont à peine terminées. On est encore étourdis.

– Tu sais, Mathieu, je disais : ces jeunes gens, ils ont quelque chose. Ils peuvent aller. Mais qu'est-ce qui les retient, bon Dieu Seigneur ! Je pensais : ils sont trop entre eux, malgré les sourires, malgré les discours. Et voilà, aujourd'hui je dis : Lomé, tu es un incapable. Tu n'as rien vu. Ils sont sans manières, pas différents, la même roche.

– C'est toi la roche, hé ! Lomé.

– Ça va, ça va. Ne me mettez pas en haut du mât, j'ai le vertige !... Oui, vous avez le bien le plus terrible : et c'est la connaissance. Et maintenant, je vais être associé avec toi, ho ! Pablo, ho ! Alphonse ?

– Tu nous apprendras.

– C'est risqué, Alcide. Si ça échoue, tu ne pourras plus travailler nulle part.

– Bah ! les mangos tombés sont bien tombés... Et toi, Mathieu ?

– Quand j'irai mieux nous partirons là-bas, Mycéa et moi. Rejoindre l'ingénieur et l'écrivain.

– Tu reviendras, Mathieu, tu reviendras ?

– Je ne sais pas. Qui peut dire ?

Mathieu sombra : la mélancolie le reprenait. Il semblait voir des choses au loin.

– Tu leur diras, avec les mots, tu leur diras toutes les îles, non ? Pas une seule, pas seulement celle-ci où nous sommes, mais toutes ensemble Quand j'arriverai là-bas, tu auras déjà fait le travail. Mets que les Antilles c'est tout compliqué...

– Oho ! tu demandais le nom, Valérie. Le voici.

(Valérie et Mycéa riaient. Nous ne comprenions pas ce sous-entendu. « Vous êtes folles », dit Pablo.)

– Tout compliqué, tout simple. Mets que nous avons lutté, que nous sommes sortis du dédale. Que c'est cela le plus criminel : quand on vole à un peuple son âme, qu'on veut l'empêcher d'être lui-même, qu'on veut le faire comme il n'est pas. Alors, il faut qu'il lutte pour ça, et le fruit à pain est amer.

– Il parle bien, dit Lomé.

– Dis que nous vivions à Lambrianne, un gros bourg battu par le soleil. Mais que c'était partout pareil. Et puis, mets que Lambrianne c'est le nom que nous avons donné au bourg. Dis le vrai nom si tu veux, dis aussi le nom de notre île. Peut-être que tu pourras expliquer pourquoi nous changions tous les noms ? Lambrianne. Où avons-nous pris ça ?

– J'ai fini par croire que c'est le vrai, à force.

– Dis-leur que nous aimons le monde entier. Que nous aimons ce qu'ils ont de meilleur, de vrai. Que nous connaissons leurs grandes œuvres, que nous les apprenons. Mais qu'ils ont un bien mauvais visage par ici. Dis que nous disions : là-bas le Centre, pour dire la France. Mais que nous voulons d'abord être en paix avec nous-mêmes. Que notre Centre il est en nous, et que c'est là que nous l'avons cherché. Que c'est cela qui nous donne parfois cette amertume, ce goût de la tristesse, cela, oui, toute cette lutte au fond de la nuit, avec le tam-tam qui flamboie en nous, et nous crions pour aller, pour y battre. Mets le rythme, c'est notre connaissance à nous. Mets le rythme, déchiré ou monotone, ou joyeux ou lamentable...

« Assez (soudain Luc !), assez, assez de vos histoires, de vos lamentations, de vos petites gloires ! Est-ce je pleure sur mon corps ? Je pars aussi, j'ai dit que je partais. Qui m'a écouté ? Vous êtes contents, vous êtes rassasiés de projets, vous avez vos petits regrets, la vie commence, et moi !

« Avec quoi pourrai-je combattre ? Ni avec les mots, ni avec les outils. Ni avec l'amour, ni la patience ! Je n'irai pas planter des légumes, combattre la canne ! Je ne fais pas des recherches savantes. J'ai dit que je partais, les mots sont entrés dans votre œil, vous m'avez regardé. Qui a demandé où j'allais ?

« Chacun pour soi, et Garrott pour la compagnie, hein ? On laisse le pauvre Luc, qu'il se débrouille. D'ailleurs, il n'a jamais rien compris. Il ne comprend pas la flamme. Il ne voit pas que nous avons vécu un cauchemar de flammes seulement pour devenir des hommes ! Il parle toujours de pratique, de résultat, il a un compteur dans l'oreille. Et personne ne me demande ce que j'ai connu à la fin, si je ne suis pas perdu comme un mouton sauvage sur la place de la Croix-Mission ?

« Non. Il a la cervelle en petits morceaux, Luc. Laisse monsieur dans sa niaiserie, c'est un prosaïque. Il ne comprend pas que nous avons poussé dans l'air comme des phénomènes. Et vous me faites rire avec vos grandes idées. Je te le dis, Luc part. Où ? Dans la commune voisine, tout bonnement. Pas en France. Pas pour les études. Pas pour les grands projets. Il part pour la vie de chaque jour, employé à la poste, alors on peut le laisser, et adieu et bon voyage et mon souvenir à papa la souffrance... »

– Luc !

– Allons, vieux bougre.

– Pourquoi dis-tu ça ?

– Nous sommes tous le même sang.

– Tu as quand même raison, dit Mathieu. Pour nous, c'est l'acharnement et la clarté sans fin...

Le temps passa.

– Moi, dit Lomé, jeunes gens, j'ai vu plus de misères que vous tous réunis dans toute votre vie passée et future. Mais il y a un temps pour les plants, un temps pour les fruits. Je comprends, je comprends. Allez, Luc, on va voir si tu es un vaillant nègre. Et allons-y la musique !

Eh ! Damiso, ého !

Lomé attrapa une chaise sur laquelle ses mains et ses talons roulèrent : la chaise coincée entre ses cuisses comme un tambour. Ce fut la dernière fête du groupe. Nous étions un torrent. Nous étions une montagne avec des forêts. Nous étions un soleil de rhum. Mathieu malade donnait la voix. Luc et Pablo luttaient dans la ronde. Luc rapide, puissant, sec. Pablo nonchalant, souple, attentif. Eh ! Damiso, ého ! Les danseurs se succédaient dans la ronde. Michel battait les bois sur les pieds de la chaise, derrière Lomé. Pablo avait oublié le sournois « Quand-ça-vous-attrape ». Margarita, pour un temps, riait, riait. Eh ! Damiso, ého ! Mycéa regardait Mathieu, elle criait qu'il guérirait, beauté laggia ! Les couplets improvisés par Lomé se bousculaient, chantaient les amis. « Papa Longoué, quimboiseur, est là. Il

242

nous a dit que nous serions contents. Eh ! Damiso, ého !
Criez et chantez pour papa Longoué ! Eh ! Damiso,
ého ! Dans la rue des Barrières il y a une fille. Je vous
le dis, la rue des Barrières prolongée. Cette fille a un
homme qui est comme une plante. Si vous demandez
quelle plante, c'est la sensitive. Il veut nous faire-croire-
qu'il est malade. Eh ! Damiso, ého ! Ce qu'il a, c'est
qu'il manque un petit peu à boire. Le chanteur a bien
soif, portez-la, s'il vous plaît. Portez la descendante
pour les gosiers brûlés. Et dans les hauteurs sur Pays-
Mêlés. Une fille aussi avec son mari. Ils ont des bêtes,
des bêtes des grands bois. Et dans la grande rue il y a
des livres. Et parmi les livres une troisième fille. Avec
son monsieur qui va à la mairie. Mon Dieu, mon cœur
demande : qui préfères-tu ? Et moi je réponds : je ne
peux choisir. Eh ! Damiso, ého ! On ne peut choisir,
l'une c'est la beauté. La deuxième aussi, la troisième
aussi. J'ai tourné mes yeux par les trois côtés. Mes yeux
m'ont répondu : va choisir toi-même. Mes yeux ont
crié : "Je ne peux choisir." Je suis aveuglé, mademoi-
selle, passez. Eh ! Damiso, ého ! »

Veillée !... Veillée de papa Longoué, dans l'après-
midi. Sans fin, la voix ! Thaël remplaça Lomé. Valérie
battait des mains. Elle avait encore quelque chose qui
l'empêchait secrètement de se donner une bonne fois
au rythme. Mais elle ne put résister. A la fin, elle menait
le jeu. Mycéa avait apporté à boire. Et ainsi cette réunion s'acheva dans les cris, les rires, les éclats. On se
donnait rendez-vous. Je ne sais comment nous nous
séparâmes. Qui partit le premier ? Je ne sais pas. Lomé
avait eu raison de toutes les moralités, le chant avait
vaincu le crépuscule. Alphonse n'avait pas été le dernier à entrer dans la ronde où sa pratique du laggia se
révéla complète ; il dansa un combat avec Lomé, après
quoi ils trinquèrent. Nous fîmes un serpent, mains aux

hanches, dans le jardin. Eh ! Damiso,ého !... Qui partit le premier ? Mathieu retomba-t-il dans la mélancolie ? Luc pleura-t-il une fois encore avec rage ? Pablo eut-il un de ces sourires désenchantés ? Je me revois seulement dans la rue. J'entends à travers la clôture Lomé qui demande doucement : « Tu reviendras, Mathieu, dis que tu reviendras ? » Je vois Thaël et Valérie déjà presque au croisement de la rue de l'Abattoir, ils remontent chez eux. Gilles, les autres. Thaël fait le toboggan sur la jambe gauche (Margarita, clôture, fontaine, rue, arbres, rue, arbres, maisons, Margarita, clôture), il court, il saute. Au moment de tourner dans la rue qui mène vers la place, il me crie : « N'oublie pas, n'oublie pas. »

Je vois cela. J'aperçois encore Valérie si belle. Elle va disparaître, elle disparaît. Des rires résonnent encore. Je suis enfant dans la rue et homme dans le souvenir. Je suis haletant d'avoir chanté, ruisselant, et glacé tout autant. Les mots eux-mêmes m'ont traqué. Oui, je suis double, le temps m'étreint dans cette tenaille, j'entends les échos de la dernière fête, j'entends l'ivresse du temps passé. Ils crient. Ils crient tous : « N'oublie pas, n'oublie pas. Souvenez-vous. » Comme si les mots pouvaient être une rivière qui descend et qui à la fin s'étale et déborde. Comme si les mots pouvaient concentrer tout un éclair et le porter dans la terre propice (qu'il fructifie). Comme si dans la richesse et le lancinant monotone appel et la chaleur sans frein les mots pouvaient conduire leur part de boues, de racines, de limon, jusqu'au delta et à la mer : jusqu'à la précise réalité. Je suis là, je connais ce pays ; et enfant je sais déjà, et homme je sais aujourd'hui à souffrance que le plus imprévu (le plus implacable ou le plus logique) est encore à venir. Mais les mots n'achèvent jamais de mourir, la rivière jamais n'achève de porter les terres vers la mer.

IV

L'ÉCLAT

*« Il tient un serpent dans sa main droite
dans sa main gauche une feuille de menthe
ses yeux sont des éperviers, sa tête une tête de chien. »*

Aimé Césaire.

I

Thaël quitta la ville, et le soleil tombait dans le champ de boues à côté du canal. Dernier élan du jour, dernier labeur sur le chemin. Le jeune homme marchait vite, mais Valérie aisément était près de lui. La plaine, de part et d'autre de la route (quand ils eurent dépassé la fabrique de bois), leur apparut nue, noire, plaquée d'une eau saumâtre. Une désolation tranquille épaillait l'air sur les champs. Ils virent au loin, sur la gauche, la petite distillerie, annexe de la grosse usine, par quoi le rhum et le sucre achevaient d'entenailler les maisons. Ils allèrent dans le dépouillement de la terre, ils enfoncèrent dans l'ombre sereine, et Valérie parlait avec douceur des nécessités, des préoccupations du moment.

– Je suis sûre que tu n'as ni huile ni graisse là-haut. Dans quel état vais-je trouver tout ça !

– C'est tout propre !

– Ma marraine n'était pas tout à fait d'accord, je peux te le dire maintenant. Elle pensait que tu es trop jeune, alors j'ai dit que tu avais bien mené ton élevage de bêtes. Ensuite, elle dit : tu ne dois pas aller chez lui dans la montagne avant le mariage. Je réponds : il n'y a pas moyen de faire autrement.

– Moi qui la croyais contente !

– Elle t'aime bien. Elle m'a dit à la fin : ce jeune

247

homme, il ne doit rien avoir de propre dans sa maison. Tu fais bien d'aller voir.

– Tout est en ordre !

Et Thaël se retourna, comme s'il avait voulu adresser aussi cette parole aux maisons accrochées là-bas ; et, du fond de la nuit où il était déjà avec Valérie, ils virent l'un et l'autre les maisons qui baignaient dans le dernier rougeoiement du soleil ; les murs et les façades qui rayonnaient, semblant brûler rouge dans la terre et au-dessus. Ils restèrent au bord de la route, ils assistèrent à la lente combustion de cette rouillure de braise. Ils écarquillèrent les yeux pour surprendre un moment encore le secret des tôles et des torchis, mais la flamboyance tombait avec rigueur, la nuit avec rigueur engloutissait les toits, et bientôt ils ne purent distinguer qu'une noirceur plus drue posée sur la noirceur, un tas d'ombre dans les ombres, un trou au bout de l'allée sombre. Ils reprirent alors leur marche vers la montagne.

« Comme un incendie », songea Valérie.

– Quand je suis arrivé (mais que c'est loin, que c'est loin), je n'ai pas vu la distillerie. Pourtant, elle était là, mais voilà, je ne le savais pas. Et avant, je voyais tous ces champs de cannes du haut de mon quartier, mais en vérité je ne les voyais pas, je ne savais pas ce qu'ils signifiaient. Oui. Quand je suis arrivé, les cannes par ici étaient jeunes, on pouvait encore suivre les alignements jusqu'au fond. Aujourd'hui, je me demande ce qui est le plus triste : la terre détrempée ou les champs bourrés ? Regarde, Mathieu. Qui est le mieux : Mathieu qui crie avec de grands éclats, Mathieu qui me dit la légende, ou Mathieu qui parle fermement, avec douceur et tranquillité ?

– Laisse tout ça, dit Valérie.

– D'accord. Je laisse.

– Tu as parlé trop vite !

– D'accord... Je laisse...

– Pour moi seulement.

– Pour toi seulement.

Elle lui sourit, sans qu'il pût la voir.

– Il fait noir par ici, ho ? Mais attends de voir, après le fromager. Tous les détours. Et puis la descente jusqu'au moubin. Et le chemin qui remonte à la maison.

– C'est long, ce chemin ?

– On a le temps.

Ils arrivèrent bientôt sous le fromager. Valérie se rapprocha de Thaël. Le jeune homme rit.

– Tu as vu Lomé. Tu le connais. Tu connais Désirée sa femme. Pourtant, tu as peur.

– Si ce n'est pas lui, Thaël, qui est-ce ? Qui a pris la femme dans le filet du fromager ?

– Personne. Le destin.

– Marche plus vite !

– Voilà, il est passé.

– Je n'ai jamais vu la nuit aussi noire.

– Tu es de terrain plat. Si tu avais grandi dans les hauteurs, tu saurais.

– Il a fallu que ce soit toi !

– Tu regrettes ?

– J'ai peur. Pourquoi n'irions-nous pas avec Gilles ou Mathieu ? Ils vivent tranquilles.

– Maintenant.

– Maintenant. Et tu pourrais aussi.

– Je n'ai pas l'instruction.

– Tu apprendras.

– J'ai laissé trop longtemps mes bêtes. Mon voisin est bon, mais il ne faut pas abuser. Il finira par se fâcher.

– Heureusement que ce n'est pas minuit.

– Retourne-toi. Tu peux, tu peux. A huit heures ou à

minuit, le fromager est aussi beau. Retourne-toi pour voir.

– Non. Je ne peux pas !

Valérie courut en avant, entraînant Thaël. Elle ne vit pas l'arbre centenaire découpé comme une seconde masse de maisons, mais plus fluide, plus menaçant dans son prodigieux silence. Elle ne vit pas le ciel noir au-dessus de l'arbre.

Ils marchèrent très vite, d'un détour à l'autre, jusqu'au croisement de la route et du sentier. Ils ne pouvaient deviner que les murailles des arbres qui, de chaque côté, faisaient une demi-voûte. Et tournant après tournant, ils ne découvraient qu'un même éternel pan de nuit s'ajoutant à la nuit. Au croisement, ils ne s'aperçurent du changement qu'en sentant les pierres du chemin rouler sous leurs pieds. Ils n'avaient dû qu'à une faible lueur sur la savane de reconnaître leur direction. Lumière fugitive dont la disparition rendait la nuit plus profonde encore. Ils marchèrent ainsi l'un près de l'autre. Mais Valérie avait peur. L'eau, sur la savane, avait parfois ces reflets fugaces, d'un noir effrayant.

– Jusqu'ici, dit Thaël, jusqu'ici elle a débordé la Lézarde. Quand elle commence, rien ne l'arrête. On dirait qu'elle vous poursuit partout.

Le pont d'eau n'avait jamais mieux mérité son nom, il était recouvert d'une couche stagnante. Ils purent cependant distinguer les prunes de moubin qui flottaient par petits groupes jaunes au milieu de la tracée du pont.

– Jusqu'ici elle vient, la Lézarde !

Thaël donna un grand coup dans cette écume de prunes ; l'eau jaillit, il sembla qu'il avait réveillé toute la nuit. Quelque part alentour des crapauds sautèrent. Chaque flaque sur la savane était comme une mare. Sur la pente d'ouest, les bambous chantèrent. Une musique sombre cerna Thaël et Valérie.

– On ne le voit pas, le pays. Non, à cette heure il est tout à la nuit. Mais je peux dire que je le connais maintenant. Quand je suis passé l'autre fois (mais que c'est loin !), j'ai mangé une prune. Je voulais provoquer le monde entier. Je voyais des ombres.

– On fera des confitures de moubin.

– Pourquoi sont-elles bonnes en confiture et mauvaises quand elles sont fraîches ?

– Si tu as chaud, c'est la pleurésie !

– Il y a tout ce qu'il faut, là-haut. Pas la peine de descendre pour des moubins.

– Comme tu veux, monsieur.

– Quand je suis passé, l'autre fois, je voyais tout au grand matin. Là les bambous, là les herbes, là le filet d'eau. Devant moi, sur la droite, les toboggans. Et voilà. Je ne peux rien voir, mais je connais tout.

– On ne pourrait pas aller plus vite ?

– Regarde. J'ai vu tout le pays s'ouvrir devant moi. D'abord, les amis. Mathieu, Pablo, Mycéa, Gilles, Michel, Margarita, Luc, et Alphonse, et Alcide, tous les autres. La foule des amis, l'un après l'autre. Et puis la Lézarde, depuis la source jusqu'à la mer. Et avec la Lézarde j'ai connu la terre, les mornes rouges, la terre grasse, les sables. Bon. Avec les amis nous avons découvert le pays. Nous ne savions rien, mais nous avons regardé à la fin. Et à la fin nous avons pu le nommer, en toute connaissance.

– Et moi ? dit Valérie. Qu'est-ce que je fais dans tout ça ? Je compte les feuilles de tamarins ?

– Toi, je pense que je te connais depuis toujours. Ne te moque pas. C'est vrai. Je n'ai pas eu besoin de te chercher longtemps, tu étais là. Ce n'est pas comme la lumière, le soleil, ils vous brûlent et tu ne les vois pas.

Puis un jour, soudainement, tu dis « Mais comment ai-je pu vivre si longtemps dans l'inconscience ? », et tu commences à sortir du tourbillon, tu vois les choses qui se mettent peu à peu à leur place, tu vois la mer, les maisons, les sables, les légumes, tu commences à trier, chacun en son lieu, et le lieu de chacun est dans le voisinage de l'autre. C'est comme descendre de la montagne vers la mer, de la source au delta. Et tu vois, tu apprends les mots, oui, j'aurais été incapable d'expliquer quoi que ce soit quand je suis descendu. Tu apprends le poids et la force des mots. Tu tombes parmi les mots, mais chaque fois tu te redresses. Tu fais des fautes, mais c'est ton affaire, ce sont tes fautes, tu les corriges.

– On m'a donné un homme qui parle !

– Tout un chacun parle.

– Allons. Je serai plus tranquille auprès de la lampe, dans mon lit. On ne voit rien, rien !

Ils continuèrent, escaladant maintenant la pente raide. Valérie ne vit donc sur le pont que les reflets des prunes. Elle sentit l'eau sur ses pieds et ses jambes, la mousse fragile et presque chaude. Mais elle ne vit pas l'eau noire sous le prunier moubin.

– Le lieu, dit Thaël. Et nous l'avons découvert. Nous pouvons dire qu'il est à nous. Hier, il a eu le sang de nos pères, aujourd'hui il a notre voix.

Valérie gémit.

– J'aurais préféré un peu plus de lumière à cette heure.

– Tu n'y penseras plus demain. Douce, ma douce. Il y aura le soleil. Tu chanteras.

– Jamais plus je ne pourrai chanter. Ça me coupe la voix, c'est comme un entonnoir sur la tête.

– Tiens-moi fort.

– Oui, oui !

– Laisse-moi parler, tu ne penseras plus au noir.

– Si au moins je voyais une étoile filante.

Mais rien (sinon la voix de Thaël) ne troublait la nuit opaque.

– Peut-être que nous pourrions partir aussi. J'ai envie de voir le monde ! Écoute, c'est beau le monde. Voilà, nous sommes tranquilles, nous connaissons le pays, nous partons. Nous avons quitté les zombis, les fantômes, les loups-garous...

– Thaël !

– Il n'y en a plus ! cria Thaël. Est-ce qu'il y en a ? Répondez !

La nuit ne répondit pas à Thaël et à Valérie affolée.

– Nous avons quitté la légende, nous avons bu à la Source, nous avons descendu la rivière jusqu'à la mer. Au bout, la réalité. Ma réalité, c'est toi.

Valérie eut encore la force de plaisanter.

– Je croyais que tu m'avais oubliée sur le chemin.

Elle s'agrippait à Thaël, trébuchait contre lui, sentant le souffle de la nuit sur sa nuque, sur toute la partie de son corps qui ne collait pas au corps de Thaël.

– Tu es ma réalité, oui, et tu es ma légende...

– Très peu pour moi, ouille ! Je suis la femme sans logis. Je n'ai plus de dents. Ça claque, ça claque.

– Écoute. J'ai passé avec toi sous le fromager, les ombres nous ont unis. J'ai vu avec toi les maisons dans le soleil mourant. J'ai vu avec toi la mer sans fin, et le monde entier de l'autre côté de la mer. Avec toi j'ai écouté le silence sur la plaine dans la chaleur. Nous avons couru dans les rues, les mêmes flambeaux auraient pu nous brûler. Avec toi j'ai dansé dans le marché, nous avons passé le pont d'eau, nous entrons chez nous.

– Mais il y a une chose que tu as faite sans moi, Thaël cher.

– Regarde, la nuit est pour nous réunir... Allons, ajouta-t-il encore, demain matin il faudra nourrir tôt les bêtes.

Valérie et Thaël avaient été trop absorbés par le spectacle des toits consumés dans la splendeur du couchant pour prêter une attention suffisante à deux silhouettes qui les avaient suivis sur la route.

Margarita avait quitté les autres. Elle n'aurait pu dire pourquoi il lui fallait suivre ainsi les deux jeunes gens, comme une lointaine épave dans le sillage d'un beau voilier. Elle eût voulu les héler, les arrêter, les insulter même.

– Qu'ils partent, qu'ils s'en aillent. Je n'ai pas besoin de vous, vous entendez ? Pas besoin de vos grimaces. On vient, on prend une fille, on repart. On tue un homme. Valérie ! Thaël, revenez, reviens, revenez, ho !

Mais ils avaient déjà tourné au bout de la route.

Alors, Alphonse Tigamba (la deuxième silhouette) s'approcha de Margarita.

– Lâche-moi, lâche-moi, cria-t-elle.

– Mais je ne te tiens pas.

– Tu me surveilles, tu m'espionnes !

– T'empêcher de faire des sottises.

– Je te dis que j'ai un pressentiment. Personne ne veut me croire.

– Quel pressentiment ? Papa Longoué est mort, c'est à toi de prendre la suite ? Tu as fait l'héritage ? Tu vois dans l'avenir ? Oui ?

– Et si c'était vrai ? Si je pouvais ? Oui ? Tu serais beau. Une fois de plus !

– Pauvre Marguerite.

– Écoute. Je ne vois pas dans l'avenir. Ne me fais pas dire des choses. Mais j'ai une grande douleur partout, et je vois une maison. Qu'est-ce que tu dis ?

– Quelle maison ?

– Je ne sais pas, je ne sais pas, gémit-elle. Il y a un flamboyant.

– Tu es fatiguée.

Elle pleurait presque.

– Je te dis qu'il faut les rappeler. Fais-le, fais-le.

– Assez, cria Alphonse. Tu es encore après Mathieu, alors tu fais des complications, tu veux brouiller tout le monde.

– Je ne suis pas un laissé-pour-compte, moi !

– Alors, c'est moi ?

– Je ne suis pas après ceux qui ne veulent pas de moi ! Qui peut en dire autant, non ?

– Moi, je peux dire autant.

– J'aime Gilles qui m'aime. Qui peut en dire autant ?

Alphonse l'injuria, avec calme et concentration. Ils ne se voyaient plus. La nuit.

– Alphonse, je te dis que ça m'est venu sur la plage. J'étais avec Mycéa et Valérie. Pendant que je regardais la mer, dans la chaleur. Comme une visitation.

– Margarita, pardonne-moi.

– Tu me crois ?

– Je te crois, mais c'est des apparitions, ça ne veut rien dire. Oui, la chaleur.

Elle tenta encore de le convaincre. Il ne pouvait croire de telles histoires.

– Mycéa t'aurait fait croire !

– Laisse Mycéa tranquille !

– Tu seras beau, la police !

– Je ne suis pas la police !

– Tu étais. Tu étais quand je suis venue te voir. Pour quoi faire, je me demande. J'étais folle. Qu'est-ce que je pouvais empêcher ? D'abord, moi, c'est réglé, personne ne m'écoute. Ensuite, arrêter quoi ? Il n'y avait rien à craindre.

– Tu as bien fait.

– Toi. Toi, Alphonse Tigamba. Ah ! Ah ! La police. Monsieur avait huit jours pour voir venir. Monsieur pouvait tout prévoir ! Mais non. Mon Alphonse était incapable. Tu n'as même pas pu le suivre. Arrivé après le bal. Que faisais-tu, ho ? La danse dans le commissariat ?

– Tais-toi, tu ne sais pas ce dont tu parles.

– Je ne sais pas ! Je suis venue te le dire. Tu as tout appris. Comme à un frère. Pourquoi ? Tu as fait une course avec la tortue et tu as perdu !

Margarita était déchaînée, mais elle ne criait pas. Elle murmurait, elle lançait les mots dans un léger souffle, plus soutenu et plus acharné que des cris. Alphonse répondait de même. Ils chuchotaient sur la route, à l'endroit précis où Thaël et Mathieu s'étaient battus. Un autre combat, plein d'éclats implacables, une clandestine furie, un vent souterrain mais brûlant.

– Je savais où ils étaient, folle, folle ! Je savais où ils étaient, Thaël et Garin. Je savais que Garin avait acheté la Source. Je savais qu'ils suivaient la Lézarde. Tu comprends ? Je savais tout, heure par heure. Je pouvais choisir. Alors, j'ai retardé le moment. Je ne voulais pas les rencontrer comme ça, leur dire : ça suffit le jeu, maintenant rentrons. Est-ce que je pouvais le faire ? Et tu veux que je te dise, avec tous tes grands jugements, tu veux que je te dise une bonne fois, je pense maintenant qu'au fond de moi il y avait un commandement pour choisir, oui, quand je réfléchis, c'est la seule explication, je pense que j'ai tout fait exprès !

– Tu as fait exprès, toi, Alphonse ?

– Oui, foutre ! Et qu'est-ce que j'avais à faire d'empêcher ceci ou cela ? Je ne suis pas une compagnie de prévoyance. Tu viens là, tu me dis : Thaël va tuer

Garin, nous sommes tous d'accord, mais il faut empêcher ça, Alphonse. Enfin, presque. Et sur le moment,
il n'y a pas à dire, je pense qu'il faut. Mais si je suis
d'accord, hein ? Si moi aussi j'en ai assez des Garin et
de leurs claques ? Pablo, c'est mon ami. Et Mathieu.
Et Mycéa ! Tu as beau dire, je suis pareil. Je peux faire
autant que les autres !

– Tu as déclaré que j'avais bien fait !

– Oui, j'étais averti. Après, quand j'ai repensé à tout,
j'ai vu que j'avais tiré profit de tes paroles. J'ai pris le
temps, j'ai laissé Raphaël avec son bonhomme. Bien
sûr, si on m'avait accusé : Tigamba, vous ne faites pas
votre métier, j'aurais crié. Je faisais mon métier. Je
pensais tout simplement que j'aurais le temps de les
arrêter. C'était au fond de moi ! On prend le silence
pour l'acceptation. Tu te trompes toi-même. Tu es hon-
nête, mais la voix au fond de toi parle pour toi. Et sur
la plage, j'ai tout dit dans les règles. Mais peut-être que
j'aurais pu l'avoir, Thaël, si j'avais voulu. Non, j'ai
pensé : il n'y a plus rien à faire. Et ainsi je suis comme
tout le monde par ici, tu comprends ? Moi aussi, j'ai
tué Garin l'assassin !

Tigamba à la fin se tut. Et Margarita, désemparée par
ce qu'elle venait d'entendre, ne pouvait se décider !
C'était à son tour d'être anéantie, vidée comme le sable
d'où la mer se retire. Ainsi, ils étaient près du pont, ils
allaient revenir sur la place avec les lumières banales.
(Gilles l'aurait cherchée, il ne serait pas content, mais
il ferait semblant, il serait gentil, et Alphonse ne dirait
rien, Alphonse irait parler avec Pablo et Lomé qui
l'attendaient pour monter vers les dix hectares de la
providence ; peut-être même qu'elle embrasserait
Mycéa, elle dirait à Mycéa : « Prends bien soin de

Mathieu, il faut le guérir pour nous » ; Pablo éclaterait de rire, nul ne saurait pourquoi ; et elle les embrasserait tous, puis elle rentrerait avec Gilles, il ne pourrait s'empêcher, il demanderait : « Que disais-tu avec Alphonse ? » et il la tiendrait tout contre lui, la vie commencerait, la vie continuerait dans les soucis et dans la joie, dans l'éternelle question, et toute la vie serait une seule question, douce, douce, dans les livres et dans les rues, pour une seule réponse, pour un seul et meilleur jour sans fin...)

— Alors, il n'y a personne, murmura Margarita, il n'y a donc personne pour écouter et comprendre ?... Personne, personne ?...

II

Or le sentier de boue conduit à la maison de Thaël. Valérie marchait dans la boue rouge et elle était épouvantée à chaque pas, croyant voir des ombres terribles surgir de chaque côté, qui s'abattraient bientôt sur elle, qui la cernaient déjà, l'attendaient, la pressaient. Elle soufflait avec effort, s'acharnant à ne pas lâcher Thaël qui montait d'un bon pas. Elle eût plus d'une fois glissé sur la pente de boue si les roches du chemin (mêlées à la terre comme un semis aride et rebelle) ne l'avaient retenue, et si parfois Thaël n'était venu à son secours.

La montagne était un seul bloc de silence, avec des feutrements qui laissaient Valérie hagarde. Elle se rappelait alors les bruits assourdis mais étincelants de la plaine, à midi, quand la chaleur noyait toutes choses. Ici, les bruits avaient une résonance infinie, tellement subtile, tellement sauvage. Toute la montagne chuintait la vie de la nuit, et Valérie ne pouvait penser à la maison là-haut, mais seulement à cette vie autour d'elle. Thaël avait compris qu'il ne servirait plus à rien de lui parler : elle n'écoutait plus, toute traquée au fond d'elle-même par l'épouvante sans nom. Le jeune homme tâchait d'arriver le plus vite possible. C'était la seule manière d'aimer Valérie. Demain, elle aura oublié, pensait-il.

Mais, à l'approche de sa maison, Thaël se sentait repris par tout cela qu'il avait oublié. Un vertige pour

259

lui nouveau donnait cependant une autre couleur, presque une autre signification au royaume de son enfance. Il était comme enivré de monter ainsi, lui qui avait si souvent escaladé les plus hautes pentes sans le moindre souci ou (ce qui revient au même) la moindre exaltation. Mais il avait vécu près de la mer sans fin, et désormais une force étrangère intervenait entre lui et la terre des hauts. Bien sûr, Thaël ne comprenait pas la situation avec une telle netteté : il lui suffisait, pour l'instant, de penser qu'il aurait désormais à compter avec sa conscience. Il était distinct, il avait dénombré. Il était sorti de la force obscure, entré dans une force plus évidente, plus calculée.

Ainsi, la trace de boue entre les fougères le portait-elle infiniment. Ce vertige soudain n'était pas pour l'arrêter, mais pour délier sa course. Ce n'était pas souffrance, désarroi ni épouvante, mais comme une accélération de toutes ses facultés, un pouvoir de deviner les embûches du chemin, une manière de connaître la fin de la nuit et la cime des passions. Thaël fut heureux de se découvrir ainsi paré pour l'existence future en compagnie de Valérie : il jouirait de chaque minute, il ne passerait plus à travers les arbres et l'étincelante splendeur de lumière comme un fétu sans réflexion. Il converserait avec la montagne, et il profiterait.

A mi-flanc du morne, ils virent (Thaël et Valérie) le flamboyant dans la nuit. L'arbre apparaissait sur un fond de verdure plus pâle et sur un écran de ciel : si bien qu'autour de lui la nuit semblait plus claire et qu'ainsi on pouvait (phénomène d'abord incroyable dans une telle noirceur) distinguer l'éclat de sa moisson de fleurs, dont le soleil ferait demain une flamme.

Valérie crut voir là un autre fantôme, une ombre plus carnassière ; elle s'arrêta, criant :

– Thaël, qu'est-ce que c'est ?

– Le flamboyant, n'aie pas peur.

Alors, Valérie eut un cri de soulagement. On arrivait enfin.

Elle ne marcha plus que la tête levée, les yeux fixés sur la masse de l'arbre. Comme si elle avait enfin trouvé une étoile pour la guider vers le refuge. Cette contemplation la distrayait de la peur informe ; elle se perdait dans le feuillage sombre et l'éclat retenu, pour échapper aux autres ombres. Et Thaël reconnaissait l'endroit où son jardin commençait : lui aussi il marchait vers le flamboyant.

Pour lui, l'arbre était plus que la maison : était le foyer où brûlait la vie d'en haut. Les bêtes et les chiens, qui n'entraient que rarement dans la maison, passaient chaque jour sous l'arbre. Ils dormaient entre les racines, sur les feuilles tombées. Le léger tapis rouge sur la terre noire était leur vraie demeure, à l'ombre des branches. Ils savaient qu'il ne leur fallait pas dépasser cette limite. Oui, le flamboyant était le toit par excellence. Valérie elle-même semblait l'avoir reconnu. Thaël fut content qu'elle eût marqué tout de suite un tel intérêt pour l'arbre. Elle l'avait élu comme repère, elle avait été soulagée de le connaître comme une force distincte des forces de la nuit.

Alors, les chiens aboyèrent. Sans doute seuls à veiller près de la maison (alors que le troupeau dormait), ils avaient senti la venue du maître. Ils aboyèrent avec rage. Et Thaël qui depuis un moment pensait au flamboyant, c'est-à-dire aussi aux chiens et au troupeau et à leur vie dans l'avenir, Thaël cria les noms de légende qu'il avait donnés à ses chiens, les noms du conte dont enfant il avait subi la terrifiante emprise. Il cria : « Sillon !... Mandolée !... », si fortement que l'arbre lui-même parut remuer, bruisser dans la hauteur. Et ce fut ainsi, oui, par la grâce horrible de ce cri de joie, que Valérie ne connut pas le tapis de fleurs rouges à l'entrée du jardin ; et que, de même qu'elle n'avait pas vu le ciel au-dessus du fromager ni l'eau sous le prunier moubin, elle ne vit pas la terre noire au pied du flamboyant.

Car, au cri de Thaël, les chiens répondirent par un féroce déchaînement de leurs forces si longtemps contenues. Nul n'a su (nul jamais ne saura) comment ils purent se libérer de leurs liens. Le voisin de Thaël devait affirmer plus tard que, craignant les bêtes monstrueuses, il s'était contenté de leur servir leur pâture, en prenant soin de se tenir à distance et de ne pas s'aventurer à vérifier de près la solidité des entraves.

Thaël et Valérie virent les deux fauves débouler du jardin, et ces bêtes semblaient remplir l'espace depuis l'arbre jusqu'à eux. Elles arrivèrent avec une rapidité qui ne laissait aucun espoir.

– Éloigne-toi de moi, cria Thaël ; et il tenta de se jeter au-devant des chiens.

Mais Valérie, trop épouvantée par la longue marche dans la nuit, ne pouvait entendre, et encore moins comprendre, le cri de Thaël. Elle se précipita vers lui, cherchant refuge près de celui qui avait son amour. Alors, et ce fut plus rapide qu'un autre cri, les chiens se jetèrent sur elle (croyant peut-être à une agression contre leur maître), ils roulèrent avec elle au bas de la pente, cependant que Thaël criait encore, dans la nuit désormais éclaboussée : « Valérie !... Valérie !... » mots que la nuit ne pouvait que répéter.

Il la ramena dans la maison, et elle était morte. Il la coucha sur le plancher près de la porte ; mais il s'assit dehors, comme s'il ne voulait plus habiter, ne fût-ce que le temps d'une veillée, cette maison de la mort. Il était assis sur les pierres ajustées qui faisaient dans la boue une sorte de perron devant la porte, et ainsi il pouvait voir ou toucher Valérie couchée sur les planches. La jeune femme avait été blessée à la gorge, au bras droit, et elle s'était rompu quelque chose à l'intérieur. Thaël avait nettoyé les larges taches de boue, il avait bien lissé la robe, rajusté les déchirures. Valérie était pleine d'une grâce funèbre, avec tout cet abandon de son corps brisé.

Thaël, après avoir prodigué ses soins à la morte, ne pensa plus à rien de précis. Et bientôt, à force d'engourdissement, il se mit à chanter (en lui-même, sans desserrer les dents) une chanson naïve qu'on lui avait enseignée à l'école. « Ô Martinique, ô pitons verts, ô couchants d'or et de grenat, île d'amour, perle des mers... », et, sous la chanson qu'il se récitait ainsi, il lui vint à l'esprit que c'étaient là bien des mensonges. Il pensa à ce mensonge des paroles. Et il chanta pour lui-même, jusqu'au bout. Jusqu'à l'ultime dérisoire éclat : « Meilleurs, plus forts et plus joyeux !... »

– Tu vois, dit-il d'une voix calme, tu vois, Valérie, ce qu'ils chantent. Combien de mensonges. Tu les vois maintenant. Ils ne pensent pas aux lèpres, au pian, aux paludismes, à la tuberculose, à l'alcool, à la malaria, à toutes les folies qui gangrènent cette terre. Tu les vois maintenant, non ? Combien c'est mentir que de croire que nous avons tout fini. Nous commençons à peine. Et tu n'es plus déjà. Tu n'auras été qu'une ombre toi aussi. Est-ce que je t'ai connue ? Pourrais-je dire : Elle était ainsi ou ainsi ? Mais toi, de quoi es-tu morte ? Tu es morte de deux chiens que je vais abattre. La police aura beau dire, je les tuerai. Je les arroserai de pétrole et je mettrai le feu. Non, je les attacherai solidement, avec du miel sur tout le corps, et j'appellerai les fourmis. Sois sûre, je le ferai.

263

D'une voix tranquille, Thaël préparait la mort de ses chiens. Avec détachement et impartialité.

– Non, dit-il. Je les prendrai au bout d'une corde, quand tout sera fini. Je descendrai avec eux jusqu'à la ville. Je traverserai, j'irai jusqu'à la Lézarde, et là je remonterai la rivière avec eux. Les amis me verront passer avec les chiens, les amis baisseront la tête, ils me diront, les yeux fixés sur la terre plate, ils me diront : « Où vas-tu, Raphaël, où vas-tu avec les bêtes ? » Je répondrai : « Je remonte la Lézarde, laissez-moi, j'ai un travail. » Et je referai tout le chemin au long de la rivière. Elle sera retombée dans son lit, mais la terre sera encore molle sur les bords. Oui, oui. Et alors, je les amènerai dans la Maison de la Source. J'irai tout barricader partout. Je les enfermerai dans la salle près de l'eau. Non, ils ne mourront pas de soif, c'est sûr. Mais j'aurai la patience, Valérie, Valérie. Je pourrai dire à ta marraine : j'ai eu la patience, marraine Thélus. Je dormirai dans le champ de bananes, et je viendrai me coller contre la porte pour les entendre. Combien de temps, combien de temps ? Ils se battront entre eux quand la faim les aura rendus fous. Et moi, là dehors avec le soleil, j'entendrai leur combat dans la nuit de la Source. Je le ferai, sois sûre, sois sûre. Et quand tout sera terminé j'entrerai, j'enlèverai leurs sales carcasses pour qu'ils ne pourrissent pas la rivière. Je les mettrai dans un trou. Même si je dois rester un mois là-bas, j'attendrai, Valérie, tu entends...

Et Thaël continuait à parler calmement à Valérie morte. Le jour venait. Bientôt le soleil brûlerait sur le toit de tôle. Mais il n'y avait pour l'instant qu'un doux éclat apaisé, long à grandir derrière la crête : Thaël guettait cette lumière nouvelle. Et les chiens, cependant, étaient couchés près de lui. Et parfois, traçant avec leurs museaux rougis des traînées presque écailleuses sur sa peau noire, ils lui léchaient fidèlement les pieds.

TABLE

I. La flamme 9

II. L'acte 89

III. L'élection 167

IV. L'éclat 245

Un champ d'îles
poèmes
Éditions du Dragon, 1953

La Terre inquiète
poèmes
Éditions du Dragon, 1954

Les Indes
poèmes
Seuil, 1955
et « Points Essais », n° 178

Soleil de la Conscience
essai
Seuil, 1956
Rééd. Gallimard, 1997

Le Sel noir
poèmes
Gallimard, 1959
et « Poésie/Gallimard », n° 175

Monsieur Toussaint : version scénique
théâtre
Acoma, 1961
Seuil, 1986
Rééd. Gallimard, 1998

Le Quatrième Siècle
roman
Seuil, 1964
Gallimard, « L'Imaginaire », n° 233

Le Sang rivé
poèmes
Présence africaine, 1969

L'Intention poétique
essai
Seuil, 1969
Rééd. Gallimard, 1997

Malemort
roman
Seuil, 1975
Rééd. Gallimard, 1997

Boises
poèmes
Acoma, 1977

Le Discours antillais
essai
Seuil, 1981
Rééd. Gallimard, 1997

La Case du commandeur
roman
Seuil, 1981
Rééd. Gallimard, 1997

Pays rêvé, pays réel
poèmes
Seuil, 1985
Gallimard, « Poésie/Gallimard », n° 347

Poèmes
Les Indes, Un champ d'îles, **La Terre** inquiète
Seuil, « Points Essais », n° 178

Mahagony
roman
Seuil, 1987
Rééd. Gallimard, 1997

Poétique de la relation
essai
Gallimard, 1990

Tout-monde
roman
Gallimard, 1993
et « Folio », n° 2744

Poèmes complets
Gallimard, 1994

Faulkner Mississippi

essai
Stock, 1996
Gallimard, « Folio essai », n° 326

Traité du tout-monde

essai
Gallimard, 1997

Sartorius : le roman de Batoutos

roman
Gallimard, 1999

Le monde incréé : poétrie

poésie
Gallimard, 2000

Omerod

roman
Gallimard, 2003

COMPOSITION : I.G.S. CHARENTE-PHOTOGRAVURE À L'ISLE-D'ESPAGNAC

GROUPE CPI

Achevé d'imprimer en août 2003 par
BUSSIÈRE CAMEDAN IMPRIMERIES
à Saint-Amand-Montrond (Cher)
N° d'édition : 24639-3. - N° d'impression : 033832/1.
Dépôt légal : avril 1995.
Imprimé en France